衝破迷網

白絲帶工作站／策劃
黃葳威／主編
陳彰儀．黃葳威．曾陽晴．錢玉芬等／著
吳秀菁／導演

嚮「網」而不迷惘——建立一個正確使用數位資訊的新環境

因應數位及資訊產業所帶來的全球化「新經濟」時代，政府部門積極地在國內策畫及推動數位科技產業。資策會的統計資料顯示，截至二〇〇二年底，我國網際網路連網應用普及率爲38%；其中寬頻網路用戶至同年底成長率爲85%。

觀察台灣學術網路（Taiwan Academic Network, TANET）的發展，TANET提供校園師生免費上網途徑，至二〇〇二年十二月底，TANET用戶較二〇〇一年同期成長率爲18%，校園上網普及率達64%。以上的數據不僅反映數位科技與網路資訊在青少兒族群中已形成生活不可或缺的一部分，也代表著這群年輕族群在未來將是數位科技、資訊及娛樂內容下的最大使用者，其需求量大幅超越現在。

以教育部在北、中、南三地區推展的「TANET不當資訊過濾防制系統設備及資料庫建置」計畫爲例，二〇〇三年春天在三區開始建置，希望提升三區高中職、中小學校園網路資訊的品質。除了硬體設備與相關建置技術的傳遞，不可否認，兒少仍可在社區中家庭或網咖等校園以外的地點，接觸到多樣化的網路資訊。換言之，如何積極建立社區家庭及兒少的網路素養與資訊判讀知能，實爲重要一環。

教育部近年致力推動社區學校數位學習的環境，台灣愛鄰社區服務協會「白絲帶工作站」，連結政府及社會團體，深入社區、學校，與家長、老師一起來關懷數位時代來臨下青少兒的數位資訊判讀的能力並健全其身心發展，冀望藉由觀念宣導關懷行動守護青少兒的身心健康。

《衝破迷網》有聲書展現給讀者的是：數位科技及網路資源不光是提供唾手可得的資訊，還有另類的人際交往，以及五光十色、生動逼真的娛樂功效，書中提醒現代人應具備數位內容及資訊的正確使用觀念，包括網路交友、網路禮節、相關的法律常識、分辨數位資訊內容及娛樂視聽的良窳，以及避免過度沉溺數位娛樂中，而喪失眞實的人際接觸，造成人際疏離，進而產生種種人格上的不健全影響。

協助青少兒學童善用數位學習工具，保護學童免於受害並建立正確的性別及社會互動關係，進而有健全的身心成長，你我責無旁貸。

教育部政務次長　范巽綠

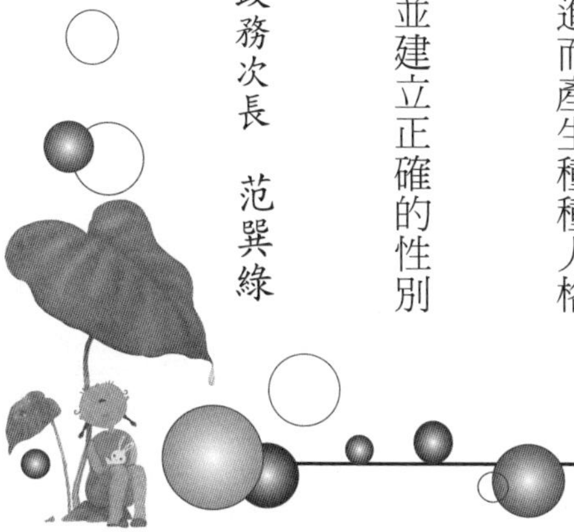

一本值得親子共賞的有聲書——《衝破迷網》

使用網際網路是e世代孩子必備的技能之一，透過網路系統所搜尋到的資料相當多樣化，可以讓孩子學習更多知識；但網路交友、網路購物所衍生的欺騙或是網路援交的觸法問題甚至網路遊戲衍生的恐嚇犯罪問題，不但青少年族群一知半解，許多家長也未注意孩子上網安全，這是值得我們去關心的。

有感於此，行政院新聞局特別在今年的資訊月展場設立「兒童少年　安全上網」主題館，館中整合政府相關單位、學術單位、民間公益團體以及網路業者共同推動兒童少年安全上網的措施及成果，告訴家長如何因應孩子所面臨的

網路交友、網路沉迷、網路色情以及網路交易及詐欺等各項網路危險，並教導家長如何為孩子上網安全把關；白絲帶工作站更提供「衝破迷網」的VCD在展場放映，這部紀錄片的拍攝手法及體裁，深獲青少年的喜愛，一些學校老師更特別帶著學生到現場觀賞影片。

因此，我特別向各位推薦這本幫助父母及e世代的孩子走出網路風暴的有聲書《衝破迷網》。

人生眞正的幸福是富有愛心、懂得去付出，要會珍惜及分享自己所擁有的，這些信念是白絲帶工作站透過《衝破迷網》有聲書所要傳達的，相信會為社會增添幸福、祥和，強化我們的生命力。

行政院新聞局局長　林佳龍

親情升級，讓愛飛揚

信不信由你，孩子比我們更了解網路新科技。

當我們還在努力找錄影機的時間設定方法時，孩子已經用電腦點擊許多令他們興奮而我們過去不熟悉的世界。同時，我們許多電腦兒童已經暴露在網路的好處與危險之中。

網路有許多好處。網路提供的有趣閱讀材料和延伸讀本，可以增進閱讀能力。使用網路和世界其他地方聯繫並和網路筆友交換郵件時，能夠學習到其他文化和傳統。利用網路連結附近圖書館或世界各個角落，可蒐集特定訊息和參

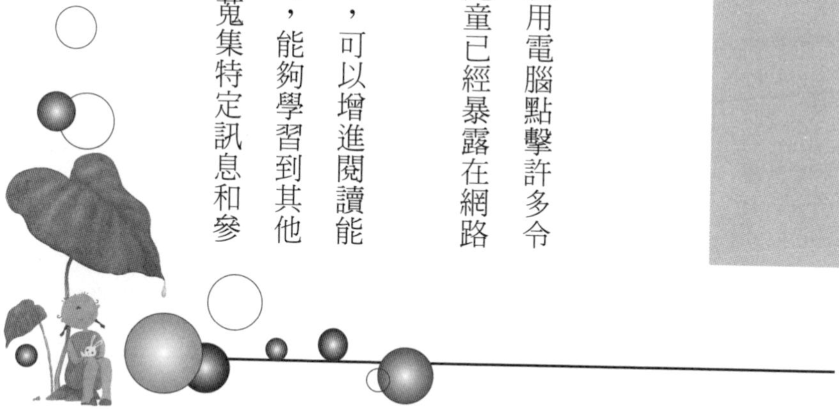

考資料。

但是，兒童在沒有標示的資訊高速公路上，分秒間就有機會透過電腦和撥接機接觸到色情資訊；只要觀看一次，就會無法自拔！要保護孩子避免色情業者的騷擾是很困難的，有些人往往有戀童癖、或藉著網路尋找無辜的小孩交談。

如何爲我們未來的主人翁、家人和後代建立一個安全的數位學習與遨遊的環境？需仰賴一般社區民眾（家長、教師、圖書管理員和兒童監護人）、高科技產業和執法三者的共同責任。爲每個孩童的網路安全，每一層都提供了保護和防衛。

家長要讓孩子知道，一旦在網路上發生任何事，都可找家長傾吐；家長不妨與孩童多談網路的使用，保持高度興趣，因爲家長的參與是孩童安全的保證。

凡事往積極面想，避免過分緊張！不然會使得孩童更隱藏，切斷彼此溝通的橋樑；如果決定使用軟體去過濾或監控網路來的訊息，最好和小孩溝通。一旦彼此都能了解基本守則，會使得管理更有效果。同時記得所有適用在網路上的安全指南，亦適用在可以上網、收發簡訊的手機。

政府方面則應加速整合行政院新聞局（或NCC）、交通部、警政署、教育部、內政部兒童局、青輔會、經濟部、工業局等公權力單位，與關心兒少上網安全的民間NGO團體，如台灣終止童妓協會、台灣愛鄰社區服務協會白絲帶工作站、勵馨社會福利基金會，以及各縣市家長會與學校，共同致力推動兒少上網安全行動。

其中NGO民間第三部門可朝向「過程前」（before process）、「過程中」（in

process）、「過程後」（after process）的三面向，互補發揮協力推動的功能。

所謂「過程前」是指有關兒少上網安全的觀念與行動的宣導以及社區推廣，如白絲帶工作站的任務，「過程中」是指網路使用過程中的違法行爲偵防，如台灣終止童妓協會的任務，「過程後」則是遭受身心傷害者的輔導與重建，如勵馨社會福利基金會的角色。

參考英國手機業者與入口網站業務，已加入關心兒少上網安全的行動，這是因爲其數位產業內容相關規範，明文業者都將每年營收若干百分比，專款專用於關懷兒少上網安全的研發或社區服務。英國媒體產業工作者與民間均絕對守法，遵守分級制度規範，且在有法源依據保護兒少身心健康的重要前提下，自律響應兒少上網安全行動，因而網路犯罪案例也隨兒少上網安全政策推動後逐年下降，英國對兒少定義是年齡在十八歲以下的未成年男女。

我國在邁向數位新世紀的階段，應持續關注數位內容對兒少身心健康的衝擊。以英國爲例，其每年定期進行全國兒少上網安全的行爲觀察分析，其結果作爲政策因應的具體依據；政府將成立國家傳播委員會，其中應納入兒少上網安全相關任務關懷，促使台灣的傳播政策與發展更貼近社區生活的變化。

《衝破迷網》有聲書自二〇〇一年起籌畫邀稿，希望從心理衛生、性別認同、原生家庭、同儕關係、兩性相處、網路現象等一一觀察影響青少兒身心發展的成長環節；同時列出網路性交易牽涉的法律責任、或社會提供的救援機置。謝謝所有參與的專家學者，義務參與撰稿，本書版稅收入將全數捐做白絲帶工作站的社區服務基金。

如果您也願意支持關心青少兒網路學習、網路兩性教育的工作，歡迎加入白絲帶家族；或贊助我們的服務，**劃撥帳號：19524412，戶名：台灣愛鄰社區**

服務協會，請註明「**白絲帶工作站**」**專案**。祝福每一個家庭親情升級，讓愛飛揚。

黃葳威
政大廣電系教授、白絲帶工作站召集人
政大數位文化行動研究室召集人

目錄

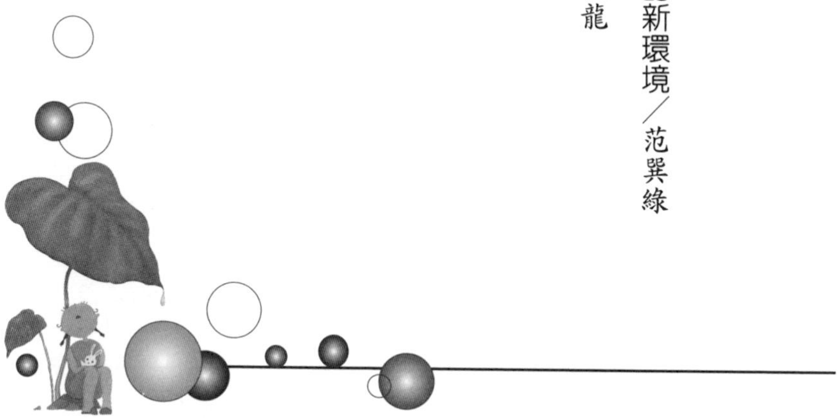

走出網路色情風暴

網際網路的出現爲人類的生活帶來另一個廣闊的空間，相對於現實世界，網路如同一個虛擬世界。隨著這個虛擬世界的形成，種種現實世界的問題，也一一在網路世界上演。

政治大學廣播電視系教授
台灣愛鄰社區服務協會白絲帶工作站召集人
政治大學數位文化行動研究室召集人

—黃葳威—

● 成功大學電算中心賴溪松教授一次視察南部小學電腦教室，親眼看見學童上網蒐集資料，打上「動物園」的關鍵字，出來的畫面有各公私立動物園，也有人獸相交的畫面……

● 一些家長在逛街辦事的同時，由於孩子已不適合放在速食店遊樂區「托管」，乾脆將孩子送進百貨公司附近的網咖……

● 部分關心孩子身心健康的家長可能沒有想到，當孩子如「電腦神童」般上網遨遊時，稍有不慎會主動甚至被動進入色情網站，陷入其中的網羅……

● 我的研究助理協助國科會研究計畫，分析色情網站的內容，有些網站進

入之後想離開，網站仍不時出現更多吸引上網者的挑逗圖像內容，費了一番功夫才「逃離」色情網站……

台灣地區現有東森、和信等民間有線電視集團，已分別跨出電信業門檻，鋪設全台灣的HCF光纖骨幹設施，朝全方位服務網路邁進。全方位服務網路即俗稱的寬頻網路，其主要功能可整合傳播媒介、儲存資料、隨選及互動等功能。

未來寬頻網路正式推行後將造成另一次的媒體革命。寬頻網路既可傳送更多的有線電視頻道，也可結合多媒體的功能，包括唱片、3D動畫、資訊、遊戲等，或家庭購物、醫療、旅遊、視訊娛樂、互動式討論，甚至教育、工作等皆可經由網路進行。

不可否認地，網際網路可算是一九九○年代中期最重要的科技應用。隨著網際網路的風行，企業、平面媒體（報紙、雜誌、出版社）、電子媒體（廣播、電視）和各類傳播機構均紛紛上網，透過網際網路傳遞各式訊息內容。根據資策會統計顯示，我國使用網際網路的人口早已突破三千萬。預計在公元二○○五年，全世界上網人口將達五億人口。

許多媒介效果研究皆發現，傳播媒介內容可以「左右」或「加強」青少年、兒童的認知、態度或行為，例如塑造民意、建構事實或思考方式，刺激或暗示、勸服等。這顯示對於處在建立自我認同階段的青少年，傳播媒介內容或多或少都會影響青少年的價值判斷，且在行為上顯現出來。

青少年認識性知識的管道，依序為朋友同學、醫護人員、報紙、雜誌、教師、有線電視、父母、無線電視台、廣播、電腦或光碟、兄弟姊妹、錄影帶、

小說等；所以除醫護人員外，青少年同儕及師長、大眾傳播媒體為青少年認識性知識的主要途徑。而青少年認識性知識的媒體管道，依次為報紙、雜誌、有線電視與無線電視、電腦或光碟、錄影帶以及小說。這反映出版或播出頻率越快速的傳播媒體，越在青少年認識性知識的管道扮演舉足輕重的角色。

台灣的傳播媒體不僅忠實反映外來的羶色腥內容，也盡情報導披露各式本土色情網站的精采畫面。連警察辦案如何看A片找證據、A片有哪些動作畫面也鉅細報導。面對台灣社會性氾濫的情況，例如：色情網路（一夜情、援助交際……）、色情書報刊（寫眞集）、漫畫、A片，週末電視節目主持人開黃腔、講黃色笑話等，這些充滿殘暴、噁心、扭曲的性交畫面，都直接在腐蝕（腐化）那些判斷能力尚未成熟的青少年及兒童的心靈，影響他們人格發展，干擾他們學業，更是間接造成許多社會問題，諸如：強暴、少女賣春、雛妓、婚外情（政治人物）、少女墮胎、未婚生子等。

根據Cavazos與Morin在其*Cyberspace & the Low*（Cavazos & Morin, 1996：90-93；黃登榆，1997: 25-26）一書中，針對目前常見的網路色情資訊，歸納成以下四類：

1、**數位影像圖片**（digitized imaged）

數位影像圖片內容呈現以引發成人情趣（taste）爲主，較少描繪同性戀或性虐待的主題。使用者可從BBS站的線上服務下載（download）或是利用電子郵件（e-mail）傳送，而有些新聞討論群（newsgroups）亦容許使用者張貼或接收這些圖檔。

2、流動影像（animated sequence）

流動影像一再循環相同的動作，情節則類似色情片的片段。

3、色情文本（sexually explicit text）

網路上閱讀的色情文本與其他媒介上可見的色情小說並無不同，色情文本如同短篇的色情小說，並以純文字（pure text）的形式在網路上供網友瀏覽，使用者可從BBS站下載，或透過電子郵件系統寄送給特定的一人或多人，再用電腦中的文字編輯或文書處理軟體加以閱讀或增刪。

4.熱線聊天室（chat room）

熱線聊天室就像利用電腦網路正在進行的色情電話（steamy phone

conversation），並可容許兩個以上的使用者同時上網溝通，但此種方式參與者較爲特定，也比較不會冒犯他人。

美國麻省理工學院社會科學教授Sherry Turkle便在一篇"Children and Nested"的文章中指出，因爲無法辨別交談者的身分年齡，竟然有十歲左右的兒童在網路上與人調情（flirting）（Tapscott, 1998: 172）。

網際網路的出現爲人類的生活帶來另一個廣闊的空間，相對於現實世界，網路如同一個虛擬世界。隨著這個虛擬世界的形成，種種現實世界的問題，也一一在網路世界上演。

其中網路犯罪便是這個虛擬世界中，越來越嚴重的問題。網路犯罪行爲中又以網路交友不慎所引發的性侵害事件最令人憂心。利用網路犯罪的手法愈趨多樣，一些人假藉與網友相會，趁著約出來見面的機會，在飲料內下安眠藥，將女網友迷昏再加以性侵害。

這些非法的行徑爲原本中性的網路管道，添上負面的色彩。

色情網站可以檢舉、設定自我保護分級，但我們可能忽略：網路聊天室也會暗藏陷阱，這是無法採取法律或密碼鎖定防範的，往往也最令人擔心無辜的青少年、兒童遭受網路色情引誘。

例如台大椰林風情friends版常出現的徵友條件：

- 學歷：大學（含）以上，學生或上班族不限
- 個性：溫柔、賢淑
- 外貌：中上
- 身高：160至167公分
- 身材：32B、32C（含）以上，不要太胖
- 頭髮：及肩或更長
- 其他：開放、勇於顛覆成規

網路使用日趨普及，帶來企業家關心的電子商務市場，同時也帶給上網的

網友搜尋資訊、聯絡溝通的便捷性。而由網路交友隔層電腦的互動方式，往往呈現不少偏頗的刻板印象。

網際網路常呈現的刻板印象，包括角色、價值觀與人際關係。所謂的刻板印象，如同過度簡化、負面（正面）、片面、不完全、甚至誇大的印象。

刻板印象爲一種心理的機制，與類別的形成有關，這種機制協助人們運作由所處環境所獲得的資料；刻板印象如同「腦海中的圖畫」。

可以確定的是，刻板印象絕不僅是針對壞人、帶有偏見的人、無知的人或種族主義者。刻板印象未必不好，雖然人們可能因爲刻板印象而導致不好的情

形。

審視刻板印象形成的過程，有三種需留意：（黃葳威，1999：112；Lippmann, 1922: 16）

1、行動的場景（the scene of the action）

即構成刻板印象的基礎，如留言版上出現的具體文字說明，或對約會、一夜情、網路援交的形容與評論。

2、人們所描繪的場景（the human picture of that scene）

即所建構的刻板印象。如網友對女性特質、性特徵的條件要求，網友對個人異性交往經驗的告白。請注意，由於匿名信的特質，眞假難辨。

3、人們對所描繪行動場景的反應（the human response to that picture working itself out upon the scene of action）

人們如何處理刻板印象，刻板印象如何影響人們的生活。網路文字上的開放、肆無忌憚、直接且無禮，或不尊重人（或女性）的隱私或個人問題。

以下參酌美國聯邦調查局及國家遺失和侵犯兒童中心提出針對青少年學生上網防範建議：

- 學習使用網路公司和軟體製造商所提供的過濾軟體程式，以防範青少年接觸到成人聊天室或是色情網站。
- 藉由電視節目或片中的劇情，與青少年學生分享討論劇中人物互動，並反省實際生活中的人際互動方式。

- 告訴青少年，千萬不可以公開自己的電話、地址、姓氏、學校和課後的活動。
- 提醒青少年，網路上的資訊並不一定正確。網路上一個十二歲的女孩，其實可能是一個五十歲的男子。

- 提醒青少年避免把自己的照片傳送給別人。並且避免單獨和網路上認識的對象約會。
- 提醒青少年每使用電腦半小時一定要暫停、休息一下，再繼續使用；對個人進行有效的上網時間管理。

- 提醒青少年，對於內容具有暗示、猥褻、騷擾性質的電子郵件，一概不予答覆。如果在網上看到任何令他們不舒服的信函，鼓勵他們告訴你。你做了拷貝後，轉寄給網路公司的顧客服務部門。
- 放下身段，讓青少年指導你使用電腦，建立他們的自信。和他們一同瀏覽網站，以及認識他們上網交談的對象。

美國德州首府州報（Austm-American Statesman）六月間還刊出網路交友

的男女雙方，互相藉由媒體公告分手的專訪。這反映網路色情在美國受到重視，不論網路交友的保護宣導或色情網站的過濾防範，都伴隨著e化社會的進展，同步推動。

反觀偏重經濟成長的台灣，卻仍待建立大眾對網路使用的安全認知及制度。網路上出現的帥哥、美女角色，眞的是他們現實生活的角色或條件嗎？網路上你來我往的眞心告白，眞代表交談兩方眞實的人格特質嗎？網路上的人際互動對話，如「你有沒有性經驗？」，是眞實生活中初次見面的告白嗎？

網際網路的發展，除了商機、經濟利益外，需不需要有網路禮儀規範，或保護網路使用者權益的網路管理法規？保障言論自由、經濟自由化與個人隱私權與安全性的平衡點在哪兒？

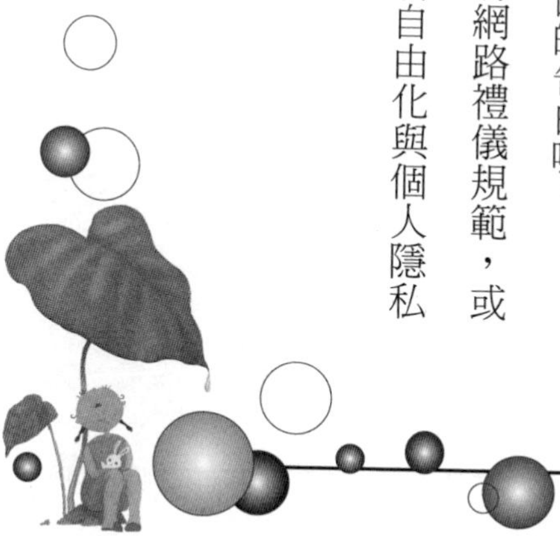

附錄

美國聯邦調查局及國家遺失和侵犯兒童中心並提供相關網路安全資訊：

- http://www.bess.net
- http://www.librarysafe.com
- http://www.cyberpatrol.com
- http://www.protectkids.com
- http://www.webwisekids.com
- http://www.safekids.com
- http://www.cyberangles.org
- http://www.icra.org

- http://www.childnet.org.uk
- http://www.mediaguide.nccu.edu.tw

參考書目

黃登榆（1997）。〈網路色情現象初探：從閱聽人的角度談起〉。國立政治大學新聞研究所碩士論文，台北。

黃葳威（1999）。《文化傳播》。台北：正中書局。

塔巴斯（K. Tarbox）（2000）. *Katie.com: my story.* 岳景梅、黃雅蓓（譯）。《網路情人夢》。台北：宇宙光全人關懷。

Cavazos, E. A. & Morin, G. (1996). *Cyberspace and the law: Your rights and duties in the on-line world*. Cambridge, Mass: The MIT Press.

Lippmann, W. (1922). *Public opinion.* New York: Macmillan.

Tapscott, D. (1998). *Growing up digital: The rise of the net generation*. New York: McGraw-Hill Companies, Inc.

從心理衛生談網路色情與網路交友

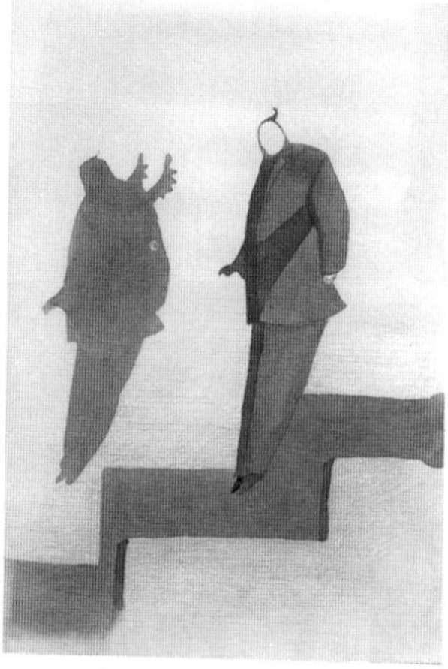

我們需先了解兩性在性心理上的差異，避免接觸網路色情，以降低色情對我們心理健康的不良影響，並注意網路交友的陷阱，避免廣大的想像空間、匿名性及個人感覺的投射，來影響不真實或不合宜的兩性關係。

政治大學心理系教授

—陳彰儀—

色情所造成的問題一直是社會長久以來所憂心的，從色情造成性病的擴散，到色情對青少年的不良影響，乃至於到現今網路色情對生理、心理的影響，雖然關心的議題在各時期略有不同，但這些議題都圍繞著「色情」。

在過去，「色情」雖造成許多問題，但它擴散速度遠比現在來得慢，也較現今容易防範。但現代的色情與商業、媒體及網路結合後，它的影響力幾乎無孔不入，特別是網路這個管道中的潛在影響力特大，根據台灣網路資訊中心二〇〇四年網路使用調查，台灣地區上網人數已達1,264萬人；而二〇〇三年蕃薯藤網路使用調查則指出，網路使用族群的年齡分布，突破了以往集中在二十至三十四歲的主

力族群，而往十至十四歲和三十五至四十四歲的網路使用族群延伸，顯示網路的使用族群較過去更爲全面、廣泛；因此我們不得不更加努力地正視網路色情與網路交友這個問題。

在談網路色情與網路交友前，我們需要先了解男女兩性在性心理之差異。

兩性性心理之差異

人類爲解決生存與生育問題會演化出來某些心理機制——即對某些方面的偏好。例如：在選擇性交對象上，整體而言，若條件許可，女性偏好以情爲重的長期單偶性關係，男性則潛伏有短期多偶性關係的內在傾向。從社會生物學的原型觀點來看，此差異是爲確保自我基因的傳承所演化出的求偶策略（李美枝，2000）。Trivers（1972）以最少親職投資論說明男女在這種性心理差異的遠因。親職投資是指，爲人父母者，爲給與單一子嗣的生存機會，而犧牲養育其他子嗣的資源，及相關的成本付出。

男女因性生理結構不同（李亦園等，1980），其最少的親職投資量有很大的性別差異。男女交配後，受精卵置於女體內有九個月之久，產下後還要給與數年的哺育；女人從受精開始到乳兒斷奶期間，男性的精子不再有功於她的再造子嗣。因此女人一生頂多只能生育十多個孩子，而女子在懷孕及哺乳期行動不便，在生存不易的原始時代，她難以依靠個人的力量維持她自己與孩子的存活，因此自然偏好擁有一個能夠也願意長期相處的性關係對象。也就是，女性偏好以情爲基礎的單偶長期性關係對象。而男性在製造子嗣的功能方面，僅只提供一些精子給發育成熟的女性而已，因他而受孕女性越多，傳延其基因的子嗣越多，這是男性偏好多偶的原始生理基礎。

網路色情對心理健康的影響

既然從上一節的說明可知男女在性心理方面有很大的差異，再加上男女生理結構的不同，網路色情的氾濫會對心理健康有不良的影響。

■ 引發性幻想、性亢奮、性暴力及性侵略

在一項關於性的研究中，Geer與Fuhr（1976）針對三十一位自願的男性大學生進行研究，讓他們在個別的房間內，一半的受試者透過耳機聽一些描述性前戲、口交與性交過程的錄音，同時測量其陰莖的張力；另一半的受試者被要求在聽錄音的同時，解決幾道複雜的數學計算題。結果發現：聽錄音時同時解數學題的受試者，不像其他心無旁騖聽錄音帶的受試者一樣地產生性亢奮反應。在這個實驗中說明了二個主要的訊息：

- 性亢奮可以被抽象的（或認知的）性線索所引發。在研究中，是藉由收聽有關性的錄音帶引發性亢奮；

•一個人心有牽掛時，可以「遇性而不亂」。

研究中解決幾道複雜的數學題就是使受試者們的注意力不全然放在錄音帶的內容中。由研究的結果可知，在今日社會中，各式各樣的傳播媒體所帶來的視覺、聽覺刺激，尤其是快速傳播的網路世界，更是大大地豐富了引發性亢奮的外在認知刺激。

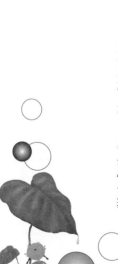

建立錯誤的性行爲期望

現在的色情網站中，全天候地爲愛好者提供各式各樣的性愛影像，但那些過於誇張的動作、內容及性別角色刻畫（如女性尖叫、男性動作等）卻可能會讓人誤以爲這些是一般的常態、是正常人該有的反應，同時也讓人將這些影片的內容作爲自己對未來的性行爲期望。由於不合實際的影片造成過高的期望，因此讓人在實際面對時產生很大的失落、沮喪感，而這些情緒會影響男女雙方的互動，甚至走上離婚之路。

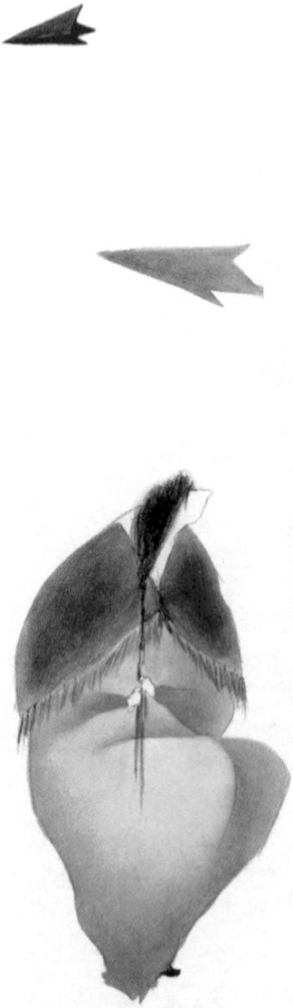

男女生性滿足差異加大

由於網路色情的氾濫，使這些引發性幻想的外在刺激增多，而外在刺激對於男性性反應的影響遠大於女性（Wheat & Wheat, 1981），因爲只要給予任何的外在與心理因素都可影響男性的射精，因此更易導致男性只著重在性的滿足感，而忽略了愛；但對女性而言，她們卻是強調性與愛的結合，兩者缺一不可，因此網路色情只會使男女生在性滿足上差異加大。事實上，性與愛的結合才是促進兩性關係的有效方法，否則就淪爲音樂家貝多芬所說的：「沒有與靈魂結合的肉體享受是獸性，並且將會一直是獸性的。事過之後，一個人體驗到的不是高貴的情感，而是後悔與遺憾。」

網路交友的陷阱

在面對面的交友中，朋友間的欺瞞、傷害事件已層出不窮；而在網路的交友模式中，它更加彰顯了友誼形成的三大因素——可接近性、外表吸引力及相似性（Brehm, 1992），因此其危險是有增無減的。但我們可以發現，在潛藏危險的世界常是擁有絢麗迷人的包裝；網路交友所賦予的想像空間、匿名性及投射個人感覺的特性，就是讓許多人投入後無法自拔的重要因素。

■友誼形成的三大因素

1、可接近性

所謂「近水樓台先得月」，一旦人與人之間的距離減少，就使彼此有更多的社交機會，使我們覺得情緒提升，喜歡的感覺增加。

2、外表吸引力

外表吸引力在現實生活的友誼形成過程中，在開始時扮演相當重要的角色是眾所皆知的事，而且經過很多研究的證實，尤其是異性友誼關係的形成。一般人對於外貌姣好的人存在著正面的刻板印象，對於長得好看的人的評價往往會產生月暈效果（halo effect），會認為他們是快樂的、

溫暖的、親切的、聰穎的、成功的等正面的印象。因此在交友方面，我們也同樣喜歡親近外貌較漂亮、甜美或身材較佳的人，因此我們常可發現，似乎外貌較佳的人較受大家的歡迎，總有很多人想來親近他、與他交朋友。

3、相似性

很多研究都證實了人們傾向於喜歡與自己有相同態度、思想或觀念的人。兩個人之間的相似性高，就可能彼此相契合，進而發展長久的友誼。以著名的吸引法則（law of attraction）來說，兩個人之間態度相似的比率越高，則彼此的互相吸引力越強。在許多人的交友標準中，談得來是選擇朋友的重要因素；而談得來的朋友就是因爲和自己有很多相似的經驗，所以說話才會有交集，友誼才可能更加深入。

■ 網路溝通的魅力

雖然現今相當盛行的網路交友存在著許多的危險性，但爲何有許多人仍希望透過這樣的方式結交朋友呢？其實網路溝通的魅力是來自於網路使形成友誼的三大因素更有效地發揮作用：網路可以使時空的距離壓縮到最小，因此人和人之間的距離減少了；網路通常利用文字來溝通，少了其他的感官訊息，因此對於他人的外貌有更多的想像空間；每個網站多少有其特色，所以在那網站上的人基本上有某些方面是相似的，因此可能比平日面對面的交友多了幾分相似的特質。

1、通信者有很大的想像空間——沒有視覺、聽覺、味覺的任何訊息

在網路的世界裡，通信者之間多利用文字來溝通，比平日面對面的溝通少了視覺及聽覺的訊息，由於訊息的不足，我們更可藉由心理的投射大膽地想像對方的外貌、體型及聲音。我們可以將對方想成一位豔麗的美女或外貌俊俏的男士，如此一來，外表的吸引力使人想與對方有更多的接觸，於是彼此間的友誼更易形成了。

2、匿名性——使雙方有很大安全感

網路世界最吸引人的地方莫過於匿名的功能（葛溫尼，1999），每個人可以各自扮演各種不同於平常的角色，可以是網路世界中熱情豪放的情聖，而不是眞實生活中保守害羞的自己。每個人在網路世界中擁

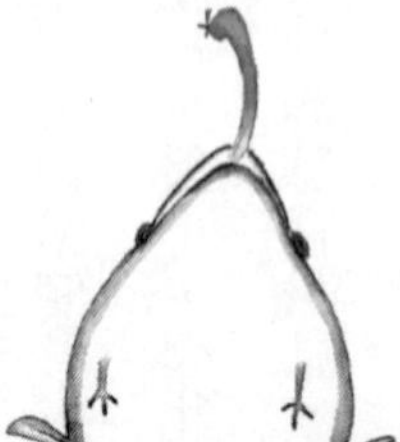

有匿名的權利，你可以毫無顧忌地與人分享內心最隱密的想法、交換秘密、洩露個人的弱點，或是吐露某些傳統不容接受的想法，不用擔心別人對你有任何的評論，因爲大家都無法知道彼此眞實的身分。

3、能把個人感覺投射到對方身上——用幻想來認定對方的感覺

由於網路中的匿名性，使人們在網上交談時可以盡情地想像和發揮，再加上缺少了對方實際的形體和現實的考量，因此在整個交談的過程中，沒有現實的訊息把你拉回現實狀況，你會將自己的感覺投射到對方，你會覺得對方很完美、很浪漫、很了解你，正和你分享前所未有的感情經驗。

■ 網路溝通對兩性關係的潛在威脅

1、容易產生想像性的戀情、愛意而造成一方的傷害（絕大多數的女性）

網路戀情因缺乏現實考驗，所以容易塑造強力的幻想，也容易沉迷在其中的美好而不知自己被對方欺瞞。同樣地，因爲網路戀情多半是由想像所建構的，所以易產生單方一廂情願的愛戀情況，而使得另一方有被騷擾、被威脅的感覺。通常女性對於愛情有較多的憧憬，有可能很快投入、很容易受傷害。

2、難達到Sternberg所稱之「圓熟之愛」的境界

Sternberg（1987）提出三成分論來說明兩性關係的性質，第一成分是以關懷、了解爲內涵的親密感（intimacy），第二個是情慾或激情（passion），第三個成分是決定與對方維持穩定關係的承諾（commitment）。這三個以不同比重組合成七種可能的性關係類型：喜歡、慾戀、虛愛、浪漫之愛、友伴之愛、熱愛及圓熟之愛等（李美枝，2000）。

圓熟之愛是一種親近感高、情慾高且承諾高的兩性關係，接近完美的兩性結合，可稱爲完美。在網路的世界中，因爲匿名性的特性使情慾的部分比較被注意，尤其如果任何一方有經常接觸色情網站，而忽略了要負

責任、長遠性的承諾部分，因此雙方不易達到「圓熟之愛」的狀況。

我們不可否認的是，網路世界必定會成爲我們生活的一部分，我們可以在這個世界中做許多眞實世界中可以做到的事，當然利用網路交友也是不可避免的。但是我們如何能在這迷人而危險的世界中順利度過呢？了解並避開它的潛在危險性將是最有效的方法。因此我們需先了解兩性在性心理上的差異，避免接觸網路色情，以降低色情對我們心理健康的不良影響，並注意網路交友的陷阱，避免廣大的想像空間、匿名性及個人感覺的投射，來影響不眞實或不合宜的兩性關係。

參考書目

李亦園、彭明聰、柯永河、文榮光、葉高芳、李磁堯、凌岡泉、蔡崇璋、陳珠璋、黃榮村（1980）。《生之慾——性、愛與健康》。台北市：健康文化事業。

李美枝（2000）。〈性心理發展的生物學觀與文化觀〉。載於江漢聲、晏涵文（主編），《性教育》（第三章）。台北：性林文化。

葛溫尼（Esther Gwinnell）（1999）. *Online seductions: falling in love with strangers on the Internet*. 何修宜（譯），《愛上電子情人》。台北市：商業周刊。

Brehm, S. S. (1992). *Intimate relationship: Love and romance*. New York: McGraw-Hill.

Geer, J. H. & Fuhr, R. (1976). "Cognitive factors in sexual arousal: The role of distraction." *Journal of Consulting and Clinical Psychology*, 44(2), 238-243.

Sternberg, R. J. (1987). "Linking versus loving: A Comparative evaluation of theories." *Psychological Bulletin*, 102, 311-345.

Trivers, R. (1972). "Parental investment and sexual selection." In B. Campbell (Ed.), *Sexual selection and the descent of man*, 136-179. Chicago: Aldine-Atheton.

Wheat, E. & Wheat, G. (1981). *Intended for pleasure*. Fleming H. Revell Co.

性不性由你？

青少年階段與同性之間發展緊密的同儕關係是極其自然的現象，此種關係不僅影響青少年自我認同，也有助於其發展較正向的自我形象，更是日後與異性發展親密、信任關係的基礎。

走出埃及同性戀關懷協會執行長

—厲眞妮—

「厲老師，我爸是偷看了我的信後，才知道我是同性戀，結果他還去找對方的爸媽理論，說我會變成這樣，都是對方害的。現在我們被迫不能再聯絡了，我很生氣，也希望能趕快長大，搬出去，不要再被大人牽制。」

「厲老師，我爸媽老是要我穿裙子，我覺得好煩，好不自在喔！而且他們總是認定我一定是同性戀，叫我非得改變不可，但其實我也喜歡男生啊！只是現在比較喜歡女生，爲什麼他們就不能讓我試一試，反正我還小嘛！還沒有定型呀！」

「厲老師，我兒子的教科書畫滿了漂亮的女孩，甚至考試卷的名字，一定要寫上女生名字才肯交卷。在家裡他會對著鏡子修眉毛，他覺得自己是女生……。」

「厲老師，我們同學都排斥我，覺得我動作舉止娘娘腔，我討厭他們老是叫我『姊姊』、『妹妹』，老師，我是不是有問題？」

「厲老師，我是教會青少年輔導，有越來越多的學生懷疑自己有同性戀傾向，請問：我該怎麼幫助他們呢？」

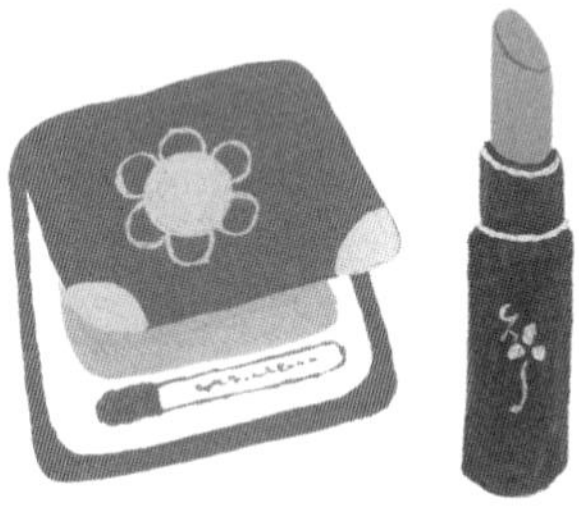

上述這些話，是筆者在協談過程中常常聽見的話題，近幾年來，在「走出埃及」的協談室裡，憂傷的父母帶著國高中的孩子前來求助，遠較過去高出許多，很明顯地，國內同性戀的年齡層，已有下降的趨勢。根據Muller & Hartman（1998）研究發現同性戀同學的自殺率和藥物酒精濫用的比率皆高出異性戀同學三倍。由此看來，該如何因應青少年同性戀問題，並且正確引導其認同及認識性別角色，是格外重要且迫切的事。以下幾點是在討論青少年同性戀問題時，有必要先釐清的重要概念。

討論青少年同性戀問題時須釐清的重要概念

1、「同性戀」的界定

在這方面，可就「情感」與「性取向」兩個層面來分析，通常「情感倚賴」的模式，會普遍地發生在同性戀者的相互關係中，也就是說，有持續性情感倚賴模式的人，將是同性戀的高危險群。另外，性取向部分，則可由他（或她）與喜歡的同性接觸時的性亢奮程度、平常性幻想的對象性別來分辨。假若當事人有著持續性的情感倚賴與持續性（六個月以上）的同性性幻想，那麼，不管有無眞正實際的性行爲，就可算是同性戀者，綜括而言，筆者與彭懷眞對同性戀的認定較爲相似，包括：

- 不可抑制地想要和同性有親密的行爲和幻想。
- 情感和性幻想對象只限於同性。
- 是一種持續性的反應，不是因情境限制而產生的同性行爲。
- 對異性性反應有排斥、噁心的感受。

2、「密友期」的可能性

根據Erikson的心理發展理論，青少年最重要的發展任務是自我肯定，此時期的青少年需要同儕間的接納和互動。因此，就會有所謂的同性戀密友階段，在這階段裡，青少年同性朋友之間會產生緊密貼近的感情，感情中，會有著信任、崇拜、倚賴、忌妒等情緒，甚至不能容忍他人的介入。由此可知，青少年階段與同性之間發展緊密的同儕關係是極其自然的現象，此種關係不僅影響青少年自我認同，也有助於其發展較正向的自我形象，更是日後與異性發展親密、信任關係的基礎。Counor（1992）整理許多對於同性密友期情感倚賴的研究結果，發現多數青少年這時期的行爲，其實並不會延續成日後的同性戀行爲。

3、性別角色認同的偏差

Erikson的心理社會論觀點認爲，年齡介於十二至十八歲的青少年，正是處於形成自己對自我的看法、角色任務的認定、生活目標與生命意義的澄清與建立等之重要時期，然而，這個階段的青少年仍有可能因爲成長過程的失常而角色開始模糊混淆，甚至產生人生重大危機。一個人是否會成爲同性戀，主要的原因是性別角色認同的障礙，也就是所謂「靈魂裝錯軀殼」的感受，而這是同性戀在青少年時期常有的迷思。

4、性別認同的發展階段

從發展心理學的概念來看性別認同，是幼兒認知能力的逐漸發展達成，經由這個過程，在其社會環境裡再次社會化，讓個體了解性別，也體會與性別有關的種種行爲，並朝著社會價值體系的性別角色去扮演，以符合社會理想的性別期待，表現出符合性別的動

機、價值、行爲的一致性之發展歷程，這即是性別形成的理由。綜括性別認同發展大致可分爲以下四個階段：

- 第一階段：正確使用性別標誌。在認知發展上，學步至二歲的孩子會以象徵符號的認知概念判定人物，如拿玩具手槍是男孩，穿裙子是女孩。

- 第二階段：理解性別是具有穩定性。在認知發展上，四歲左右的孩子是運思前期，以單向思考並且集中在特定明顯的外觀推理，如小男孩長大後就會變成父親。
- 第三階段：理解性別是具有恆定性。在認知發展上，五至七歲的孩子是具體運思，具可逆性及恆存概念，如小強即使穿裙子仍是男孩。
- 第四階段：指對生殖器（生物學上的性）有基礎的理解。在認知發展

上，七歲以上的孩子是具體運思，具可逆性、恆存概念及再代替概念，如小強有小雞雞，所以是男孩。

「走出埃及」如何協助有同性戀問題的人

「走出埃及」所希望的是，提供給台灣78%不愉快的同性戀者一個改變的出路。那麼究竟在哪些條件下是可能改變的？又應如何判斷？

首先，這些人必須是想得到我們幫助的。顯而易見並非所有同性戀者都渴望改變，有人會認爲他們的情況是不能改變的，他們會嘗試把它當成生活上正常的一個部分，但是那些接觸我們的人，已經決定：他們想改變，並且想得到幫助。我們大部分受輔者都曾經嘗試過「同性戀的生活」，甚至已過了幾年這樣的生活。但最終，他們都得不到滿足，並且陷入內心深刻的道德掙扎中；無論他們怎樣嘗試以一個開放的態度去肯定同性戀，卻不能驅走這掙扎。在現今這個寬容的社會，人們若喜歡的話，都有選擇同性戀的自由，但那些尋求克服同性戀傾向的人，實在值得我們去支持他做這抉擇。

總括來說，同性戀者康復是一個「成長過程」。照字面意思是說，在康復過程的人，他們成長超越了本身對同性戀慕的定型，並且完全離開了他們同性戀的景況。但這個成長是長時間的過程，所需時間會因人而異。對許多人來說，這個康復過程是一個終身的決定。我們的康復課程並不表示就能解決所有的問題。參加我們療程的人不會立刻突然間變成一個對異性非常戀慕的異性戀者，彷彿從未曾有過同性戀需要一樣。經過我們的療程後，事實上，

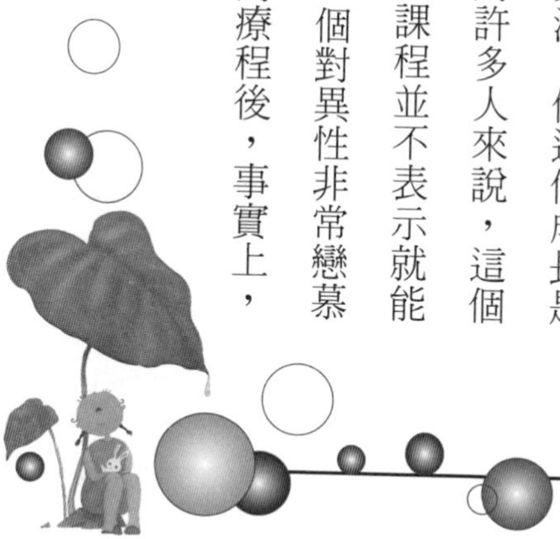

他們還需要花一段長的時間，自己負上責任去處理自己的生命及當中的軟弱。

那麼我們的療程可做到什麼呢？簡單來說，這療程只是整個康復旅程的其中一個要素。此療程已被證實是一個相當關鍵性的踏腳石，去幫助人建立一個不同的生命。我們把康復過程視爲逐步實踐重要目標的方式，其中一些目標包括：

- 重新操練自律。
- 揭開一些阻礙成長、觸發衝動的隱藏信念及自衛機能。
- 學習確認並以健康非性的方式去滿足親密關係，以及安全感的需要。
- 解決因童年創傷或被拒絕而造成的衝突。

- 發展有益的自我管理技巧。
- 在與上帝及人的關係上成長。

我們的療程除了教導人有洞見地認識自己及管理自己外，我們也會以支持小組形式去鼓勵參加者堅持及成長。過往的紀錄證明支持小組是十分有效的短期方法，幫助人克服多項影響生活的問題，包括同性戀傾向。

在一個小組模式中，組員能「被接納」，對自己的成長和行爲有所「交待」。在這安全的地方，可讓參加者彼此分擔康復所遇到的困難。支持小組當然不能做到所有的事，但卻被證實是一個康復旅途中的綠洲。

當同性戀傾向得著處理，心靈創傷得著醫治及個人需要得到滿足時，成長就會自然發生。而在這成長過程中，異性戀傾向也會慢慢發展。直到最後，我們的參加者就會脫離了依靠我們的療程，他們會自然地融入社會中其他的支持系統，例如教會、小組等。同時他們會繼續從脫離同性戀傾向的過程中成長。

重新學習生活方式並處理人際關係及技巧，其實並不容易。所以很自然地，會有人寧願選擇不去面對克服同性戀傾向的挑戰。一些醫學研究指出，那些眞正能克服同性戀問題的人，需要兩個成功的因素：一個堅毅不屈和忍耐到底的推動力，與得到其他相信他們終能成功的人的支持。我們在「走出埃及」中給與他們所需要的部分支持網絡，也提供諮詢，每週支持小組聚會，以及轉介個案給其他專業機構。總之，我們所做的是，希望給與那些有興趣了解關於康復途徑的人一個眞正改變的出路。

在面對台灣6%的同性戀人口，我們的責任實在不容忽視。以目前學術界及輔導實務上對同性戀議題的研究與關顧實仍嫌不足，而要成爲一位稱職的同性戀專業輔導也確實是一項艱鉅的挑戰。的確我們不能迴避這群眞正需要幫助的人，因爲他們就在我們身旁，我們只有更加充實自己、建設自己，並給與更多的關懷與接納，才能引導他們最準確的方向，眞正恢復眞我。

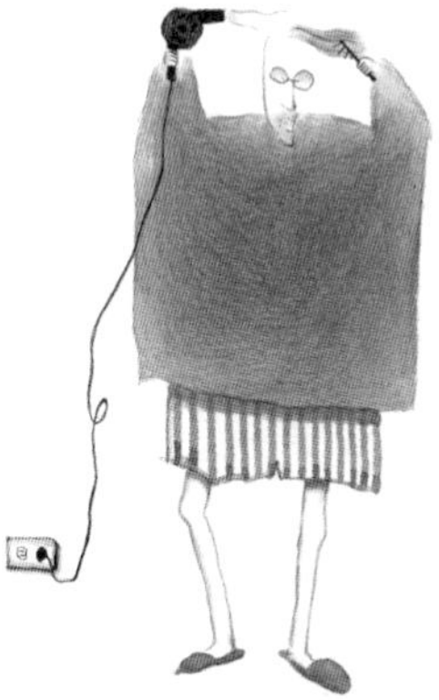

參考書目

《我不再是同性戀》。台北：宇宙光全人關懷。
《妳知道嗎？你對同性戀者應有的基本認識》。香港：高接觸。
《恢復眞我——掙脫同性戀的枷鎖》。香港：中國信徒佈道會。
《愛的尋覓——一名前同性戀者對同性戀問題探討》。香港：高接觸。
《輔導通訊——同性戀學生之輔導》。彰化：教育部中部辦公室。

相關書目

《同性戀的眞相》。香港：天道書樓。
《改變帶來醫治》。台北市：中國學園。
《走出埃及雙月刊》。台北：走出埃及禱告事奉中心。

《是非、曲直——對人權、同性戀的倫理反思》。香港：宣道。

《破碎形象——同性戀的醫治與個人整全》。香港：突破。

《逃避試探》。台北市：中國學園。

《勝過黑暗——明白你在基督裡的身分與權柄》。台北市：中國學園。

《給你同志——揮手告別同性戀》。台北：雅歌。

《黑白分明——基督教倫理縱橫談》。香港：宣道。

《當代基督徒與同性戀議題》。台北：校園。

《過猶不及——如何建立妳的心理界限》。加州：台福傳播中心。

《親愛同志——我所愛的人是同性戀》。台北：雅歌。

《擊開捆鎖——勝過消極思想、乖僻情緒、慣性罪行》。台北市：中國學園。

《還我本性——衝破性罪的捆鎖》。香港：突破。

「走出埃及三週年座談會錄音帶」。台北：走出埃及禱告事奉中心。

父母如何幫助孩子走出網路色情的陷阱

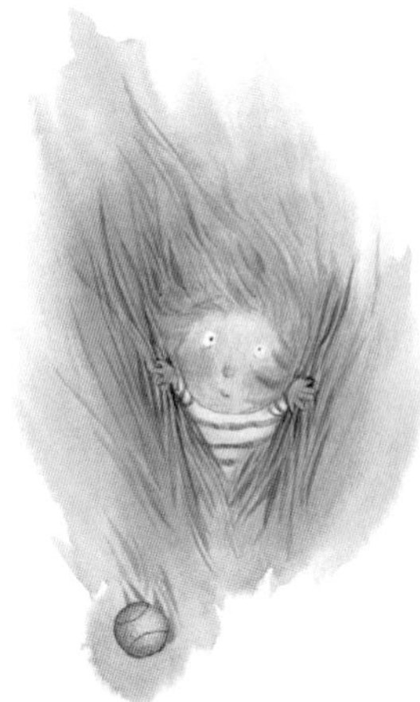

防杜上網不僅不可能（因爲e世代的來臨是不可能阻止的），還會造成代溝。父母唯一能做的，就是讓自己了解網路環境，讓網路成爲溝通的橋樑，而不是親子間的麻煩。

交通大學通識中心講師

—陳韻琳—

有一天我去公園散步，聽到一個母親和一個大學生開展辯論。

母親說，網路是非常混亂的環境，她絕對不會讓孩子上網，學校也不該教學生上網。大學生說，防杜孩子上網是不可能的事，父母只能盡量去了解網路社會。

我贊成大學生的看法。防杜上網不僅不可能（因爲e世代的來臨是不可能阻止的），還會造成代溝。父母唯一能做的，就是讓自己了解網路環境，讓網路成爲溝通的橋樑，而不是親子間的麻煩。

網路媒體有如下幾個特點，是值得我們仔細思考的。

1、大量的資訊不盡然可以增長智慧，智慧增長，還是需要透過消化並研判出自己應持有的觀點上網以後，就算只是透過搜尋系統尋找課業資料，都有可能大量湧入資訊，這些資訊可能是有用的，也可能是垃圾，觀點可能對人眞的有幫助，也可能是似是而非的觀念。擁有資訊未必表示當事者眞的有主見，很可能只是人云亦云的抄襲而已。只會跟著資訊走，是比沒有資訊還要糟糕的事。在這方面，上網者，不管是孩子還是成人，都會面對到很大的挑戰。在一個資訊時代要擁有眞正的智慧，其實是很高難度的。眾說紛紜中，要建立眞正屬於自己的、有益於一生的價值觀，絕不是光憑資訊便可以做到。

2、網路人格與眞實生活中的人格是有差距的，兩者都有其意義

網路社會有其網路人格，其網路人格和離開網路後的社會人格是有差距的。我們一般都將這現象總括爲「虛擬」。但究其實，虛擬本身，往往是對眞實社會的遊戲規則的一種反抗，他們表現得跟眞實社會有出入，多少是想滿足眞實社會無法呈現出來的面貌。

當上網者進入網路社會，呈現出某些跟實際不太符合的個性（譬如說原

本很內向害羞，上網立刻多嘴活潑），很多人會詢問：到底哪個個性是眞實的？其實兩者都有其眞實面，很有可能，是眞實社會發展出來的人際關係，影響當事者某些人格面貌不習慣或不敢呈現，因此透過隱藏於螢幕背後的虛擬社會紓解出來。從這個角度來看，分析網路上呈現出來的人格，是另一種可以自我了解或了解他人的方法。

但也因此，光憑網路上的溝通談天要認識一個人，會讓自己涉入陷阱。文字溝通本來就讓人有想像形貌的空間，久而久之，便把想像空間定型爲想當然爾的眞實。很多人在通過非常多信件後，總相信自己已經八九成把握住對方的特質了，見面剎那、或見面後的談天，卻徹底失望幻滅，正是因著這個緣故。網路這種虛擬特點，便導致當事者就算根本沒打算欺騙，都可能無意間變成欺騙，讓雙方感到受傷害，更何況有心人就會利用這種虛擬特點製造約會強暴的

機會呢！

3、網路聊天室扮演了很多元的角色，包括擴增友誼圈與遊戲

大家都知道網路聊天室可以交友，不過，若你發現聊天室中很多言不及義、甚至沒有完整意念、只有標點符號的打屁，會很訝異。這是因爲人跟人之間的談話一定得依賴完整可以傳達概念的句子，可是文字本身，卻容許很多溢出文字之外的關於圖形的或聲音的想像，這些想像一樣扮演交友的角色。所以你會看到「哼、哈、ㄟ……撥撥」等聲音文字的互動，這是網路聊天室很獨特的現象，是交

友、也是遊戲。

正是從上面三點，我們可以看到網路色情背後、網路文化對色情的無形鼓勵——如果上網者把網路人格當成對方人格的全部，並未料想網路人格可以虛擬假扮，就會在約見面時完全不設防，給約會強暴留下機會；而網路聊天室的聲音文字遊戲特點，可以被用來進行「聲交」的性遊戲；若上網者接觸到的資訊又都偏頗的鼓勵

性行爲，更會被鼓勵嘗試色情經驗；而這一切塑造出來的網路色情文化，最可怕的是出於當事者自願，沒有法律可以禁止。這才是我最擔心的網路色情文化。色情圖片色情網站就算可以用法律約束，透過網路的資訊自由、與隱密交

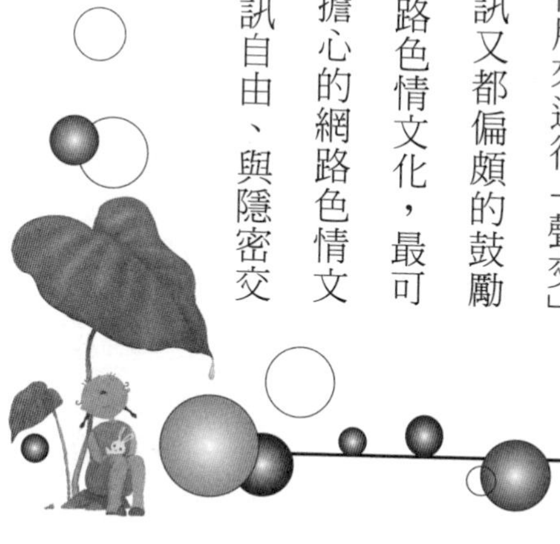

談進行的網路色情，怎麼可能阻止呢？

很多人會問：怎麼防範呢？我的看法是，正因爲法律能禁止的網路色情如此有限，所以只能回歸信仰的力量、健康的家庭、健康的婚姻與親情。是信仰的力量可以讓人有清潔的心、討厭罪惡渴望光明；是幸福的家庭、良好的親子關係與夫妻關係、經常持續的溝通，能讓人在涉入險境前有回頭的力量；或在犯錯後能取得諒解開始新生。這是老掉牙的答案，卻是最重要的答案。

除此以外，就是鼓勵關心自己孩子的父母、關心學生的老師們要多多上網，不僅上網，而且要去了解討論區、了解聊天室、了解網路虛擬社會和眞實

社會之間的差距，然後跟孩子跟學生討論。網路社會既然不可能阻止，我們只能善用它，讓它不是禁忌話題、溝通障礙，反而是溝通的幫助。

我的孩子因著我長期做網路工作的緣故，很早就上網，我曾經很擔心他受網路虛擬世界的害，交到不好的朋友，勸告過他，卻引發他的反彈，他覺得大人一方面教他們要存愛心彼此對待，一方面卻又教他不要相信人，他覺得大人很虛僞。

於是我決定用另一種方式來幫助他。我跟他一起經營網路的公共討論區，讓他觀察我的網路人格和眞實人格，叫他區辨其差異，然後問他哪種人格較眞實？他能很明確的看出我在網上和網下是有些地方不一樣的；而後，他自己也發現他在網上和網下有不一致的表現，他還覺察到別人根據他的網上人格，而對他有錯誤的期待；甚至他也發現網路社會的確可以讓他刻意的表現出他最好最成熟的那一面，遮蓋掉他的問題與弱點。網路讓他可以逃避眞實世界中某些挫折。

這些點點滴滴，我們都會彼此坦誠交談，漸漸的網路就變成是我們溝通、認識自己、認識對方的橋樑。

除此以外，當我們母子激烈衝突時，我會試著用e-mail跟他表達我對他的關心，緩和言語上的彼此誤解。

網路對話最大特點就是「地位平等」，不管在眞實社會中是母親父親、是老師教授、是牧師是長執，一旦到網上對談，都變成一種平等的關係，這也是年輕人喜歡上網的原因。在平等地位下的對談，很多時候，會聽到眞實社會既定角色下聽不見的聲音。所以我還會跟孩子一起進公共討論區，針對某些議題假裝彼此不認識地大談個人觀點，因爲公共討論區多人參與七嘴八舌，無形中有很多人參與進我們兩人的互動，讓我有機會從別人的言談中了解我的孩子。

很多父母會問：我的孩子天天上網，怎麼辦？面對e世代，阻止孩子上網根本是不可能的事，父母唯一能做的，就是參與進網路世界，網路是一刀兩刃的劍，可以傷人也可以助人，多去使用、多去了解、多利用它來溝通，並在對談或網路類似打屁的

遊戲中潛移默化引導關愛。當孩子在眞實世界中有溫情有關愛，跟父母有良好的互動，他就不會過度陷溺在網路世界中逃避自我，也就不易涉入網路文化傷害、資訊傷害與網路色情的陷阱中；即或出現危機，父母也容易立即知道，溝通引導他走出迷惘。

唯有信仰與關愛，才是網路世代各種色情暴力陷阱危機的出路。

以下是防範網路色情陷阱的幾點提要：

• 孩子上網以後，會非常快速便捷地取得大量資訊。但是，大量資訊不盡然可以增長智慧，智慧增長，還是需要透過消化吸收，並研判出自己應

持有的觀點。因此，上網的孩子需要父母親的幫助。

- 網路上呈現出來的人格，與眞實生活中的人格是有差距的，有虛擬的部分，也有眞實的部分，越是沒有社會歷練的孩子，越是需要父母親協助區辨。

- 網路聊天室扮演了很多元的角色，包括擴增友誼圈與遊戲。但是它也可能暗藏色情媒介的陷阱。色情網站可以檢舉、鎖定密碼，但是進入聊天室與人交談，出現色情引誘，就無法用法律或密碼鎖定防範，這才是最讓人擔心的網路色情引誘。
- 家庭越健康，溝通氣氛越愉快，孩子越不容

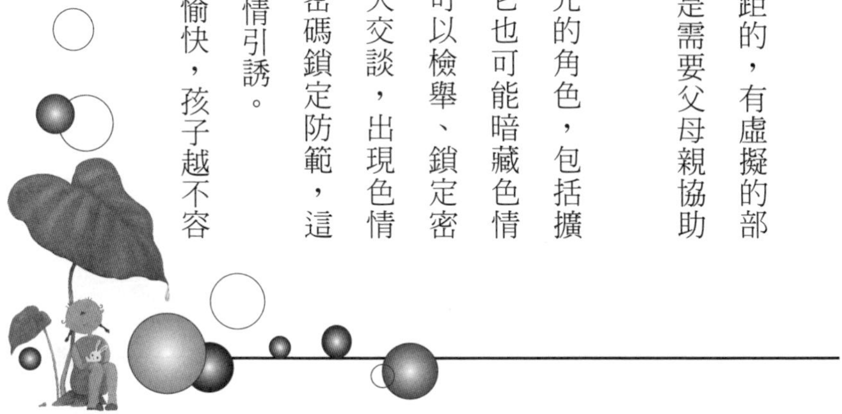

易沉溺在網路環境中。建立輕鬆愉快的家庭氣氛，引導孩子在家庭中健康地宣洩情緒，孩子比較不會逃避現實，或依賴網路發洩情緒。

- 不要把網路當成一談就會爭吵的話題，盡量讓自己也通曉網路世界，跟孩子暢談網路環境，這樣，孩子就會盡情傾訴自己在網路上碰到的人、事與疑惑。越知道孩子在網路上的狀況，越容易防患未然。
- 可以透過網路跟孩子溝通，用e-mail通信。讓網路更積極幫助親子關係。
- 多關心孩子的生活、下課後的動向，以及孩子的交友。常跟孩子的老師溝通。多關切孩子零用錢花費，盡量不要給孩子信用卡。
- 再三叮嚀孩子，絕對不要跟網路上交的朋友約會，不管在網路上對方表現得多讓人感動、信任，都不要約見面。

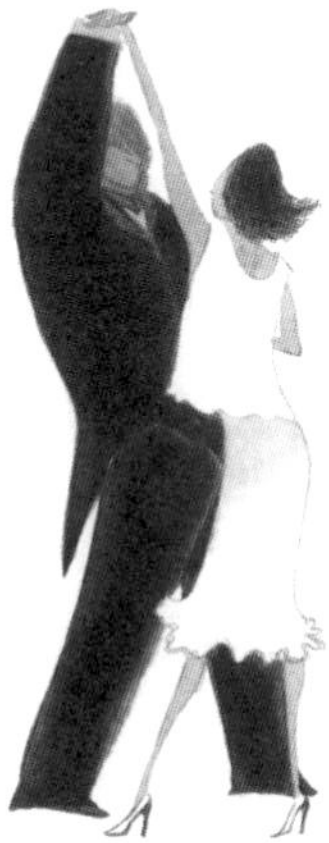

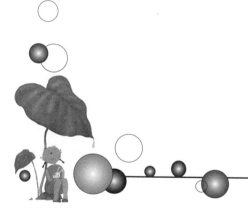

你是我乾妹——分辨喜歡與愛情

在人的情感經驗中喜歡和愛情到底有沒有差異？它們都包含了三個因素，但三個因素的本質各不相同：1.欣賞與肯定；2.尊重與信任；3.似曾相識感。而愛情的組成成分，還包括了：1.魂牽夢縈的依附狀態；2.無怨無悔的奉獻意願；3.臉紅心跳的親密感受。

政治大學心理系助理教授

—錢玉芬—

我年輕的時候常看武俠片。印象中，電影常出現這樣的情節：大師兄對小師妹說：「對不起，我很喜歡妳，可是我只把妳當妹妹……」當現在年輕男女流行起「認乾妹」之風氣時，我不覺莞爾輕嘆：太陽底下眞的沒有新鮮的事。到底什麼是喜歡？什麼是愛情？從我年輕的時代到如今，一直是青年男女的困惑，有些人在分不清楚的情況下，乾脆開闢出一個模糊地帶，好讓自己進可攻退可守，先認成「乾妹妹」再說！

事實上，心理學家也很好奇，在人的情感經驗中喜歡和愛情到底有沒有差異，如果有，差異點又在哪裡？於是有一位學者Rubin一九七〇年便在大學校園裡訪問調查了許多大學生，請他們分別以自己親密的異性朋友，與一般同性好友爲對象，塡寫一些描述情感狀態的句子，再將許許多多大學生的反應，透過統計的因素分析法，得出一些令人感到有趣，亦相當有意義的結果。

哇！好炫的行爲科學方法，用這種方式就把千古以來令人相當困惑的問題，提供了一個可能的解答，你是不是迫不及待地想要一窺究竟了呢？

Rubin發現喜歡與愛情果然不同，它們都包含了三個因素，但三個因素的本質各不相同。在開始進行分辨之前，請你先在心目中想一個，你不知道對他／她到底是愛還是喜歡的對象，然後再從文章的描述中逐一核對：

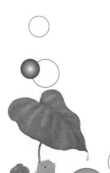

1. **欣賞與肯定**（positive appraisal）

這是一種對人的正面評價，覺得這個人眞不錯，各方面表現都令人激賞，他辦事我放心，這傢伙果然了得，我眞沒有看走眼。

2. **尊重與信任**（regard and faith）

喜歡一個人時，會願意尊重他，並且給對方一個較大的信任空間，相信他這麼做是有理由的（或有不得已的苦衷）。

3. **似曾相似感**（similarity）

我們很自然會喜歡與我們相似的人，外貌相似、成長環境相似、習慣相似、嗜好相似、觀念相似⋯

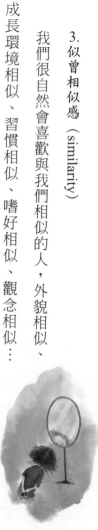

……，相似感會拉近彼此的距離，讓彼此有惺惺相惜、英雄所見略同的感情。

怎麼樣？你發現你是喜歡對方嗎？如果還不能肯定，讓我們再來看看愛情的組成成分：

1. 魂牽夢縈的依附狀態（attachment）

有學生告訴我，戀愛的感覺是「不在現場的現場，才是最大的現場」，很像繞口令對吧?!這句話的意思其實就是指，戀愛時那種渴望與對方能夠超越時間的限制，永遠依偎在一起的依附需求，因此「思念總在分手後」，對方不在身

邊的時候，反而形成了思念的天羅地網，把你緊緊地捆住。直到見著他／她的面之後，這種思念之苦才能稍獲紓解。

2.無怨無悔的奉獻意願（devoted to you）

戀愛中的人會有點傻，不，應該說是「會很傻」，完全不會有成本、獲益的概念，對對方的付出會不計血本、無怨無悔，甚至爲他／她捨命也在所不辭，更不用說在戀愛時會克服許多懼怕了。

3.臉紅心跳的親密感受

戀愛時，最明顯的變化是生理上的反應，平時把異性看成是「臭男生」或「鄰家小妹」的，戀愛的感受一旦來臨，看到他／她自然就會臉紅心跳，就會有一親芳澤的衝動，就會有許多兩人浪漫親密的遐想。有時在公眾場合只要手牽手、眼望眼，就有如飄在雲端，無視於他人的存在。

看到這裡，請你再分辨看看，你對心裡的那個他／她是愛情嗎？還是只是喜歡？雖然心理學家把喜歡與愛情做了一個最基本的劃分，但是Rubin也進一步發現，並不是所有的人都能夠把這兩種情感分辨得很清楚哦！

以性別差異來看，Rubin發現女性比較會把喜歡與愛情混爲一談，男性則比較能分辨得清楚，難怪電影裡總是大師兄對小師妹說清楚講明白。

爲什麼我們需要把這兩種情感分辨清楚？分不清楚有什麼壞處？這得從結婚後的結果來看，筆者常接觸已婚婦女，也經常遇見爲婚姻「後悔」的人。當然婚姻令人失望的原因很多，但值得注意的是，有許多女性覺得當時結婚只是「被愛」，而不是真正「愛他」，充其量只是不討厭而已，因此爲自己不是因愛情結婚而感到遺憾，甚

至會面臨想放棄婚姻的念頭。

相對的，男性雖然較能分辨喜歡與愛情，但男性比較容易有生理上的衝動，再加上現今媒體與社會充斥著性開放的思維，使許多人抱持著「先性再友」的價值觀。速食的愛情文化，使人漸漸失去謹慎分辨的動力，可能會使已經每年都在刷新紀錄的離婚率雪上加霜。

可能你覺得婚姻只是爲性行爲取得合法化地位而已，因此不想花太多思考在其上，但我相信，你我都不會是把婚姻過度簡化的人，我們都期望有個幸福美滿的婚姻，我們也都盼望能與所「愛」的人建造甜美溫暖的家庭，那麼，分辨愛情的本質，釐清你與他／她之間是不是以愛情爲基礎的情感，可能是

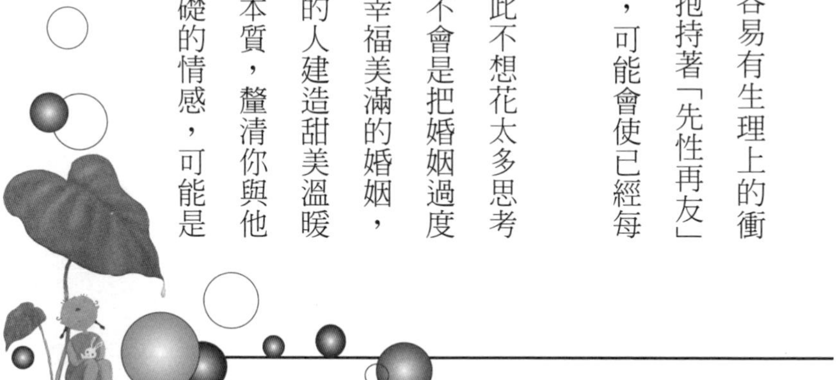

走向成功的第一步。

如果發現你們兩人之間眞的不是愛情，充其量只是沒有厭惡感而已，那麼抱持著「寧缺勿濫」的心態，也許可以爲自己免除掉人生一段的坎坷路，在此用心深深地祝福你在愛情的道路上得心應手。

破解色·情·密碼

我們必須重建兩性的情感教育，以愛來作爲人最中心的價值觀，因爲我們知道唯有愛才能眞正滿足人性最深處的需要；而性只有在婚姻與愛的環境下，才是我們生命中最美的祝福。

中原大學通識教育中心助理教授

—曾陽晴—

色情產業的學理依據：

- 傳統接觸型色情行業：八大色情行業，包括娼妓、色情服務業及表演業者，如鋼管舞、脫衣舞等，少有合法，多與黑道、毒品掛鉤，爲警方取締的對象。
- 新式接觸型色情行業：透過新型傳媒，如手機、網路聯繫，進行援助交際或色情交易。
- 再現型色情產業：經由媒體呈現的色情作品，包括傳統的媒體以及新媒體展演的色情產品。

(1)傳統傳媒：色情小說、漫畫、雜誌（《花花公子》、《閣樓》）以及羅曼史小說、電影、電視（鎖碼台）節目與再製商品（錄影帶、VCD、

DVD等）。

(2)新傳媒：新的科技常常在還不知如何運用時，就被色情業者拿來作爲產品生產工具，光碟在初發明之時，被色情業者灌入影像資料販賣即是一例；網際網路普遍使用沒幾年，全世界已有數十萬的色情網站，以及各式各樣的色情媒介的可能性，如網路援助交際、一夜情、聲

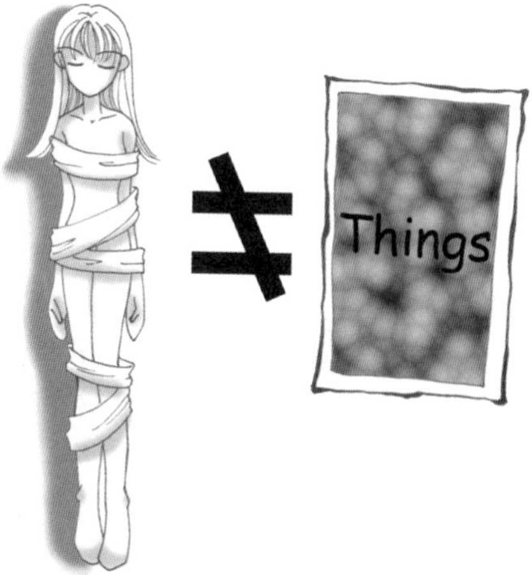

交等。

- 支持系統：性別研究（gender）中的基進派（radical），認爲讓色情產業存在，政府不應管制，讓市場決定其存廢。如果它不符合社會的需求與利益，自然會被淘汰，根本不必政府管制與取締，既浪費資源，也不當地限制了人民的工作權與選擇權。

這基本上是自由主義的理論。自由主義者認爲，權利（the right）必須賦予在善（the good）之上、之前的重要性與優先性。換句話說，我們個人的權利，都是具有合理性及正當性，因爲眾人的權利合起來能構成一個體系，在這個系統內我們只要不剝奪他人的所有與權利，就可以盡情選擇與獲取利益。在此同時，政府的管制越少越好，一切讓市場決定其淘汰與否。

在自由主義者的構想裡，權利高過善（道德），一切都以權利爲依歸，於是公娼可以公然主張、爭取工作權，而不必顧慮對社會道德敗壞的影響，政府不管制、警察不取締，一切留待個人自由意願的選擇。

尊重個人權利，包括選擇權，於是這些支持色情的人會說，你可以不選擇嫖妓，但別人選擇，你必須尊重。如果妓女眞的不符合社會需要，自然會消失淘汰；你也可以不去上色情網站，這些網站沒人上，自然會消失；即使你去上色情網站、看色情節目、書籍，你也有判斷力，知道媒體上展演的都是虛構的、假的，你分辨得了「眞與假」，自然不會受影響，即使內容再污穢不堪、猥褻下流也沒關係，因爲那些都是表演出來的，不是眞實的，人們不會因此而有什麼改變或受影響，而且如此也可以保障出版與言論自由。而且每一個人該爲自己的行爲負責，情慾也該自由化，這樣就可以追求到最大的情慾快樂。

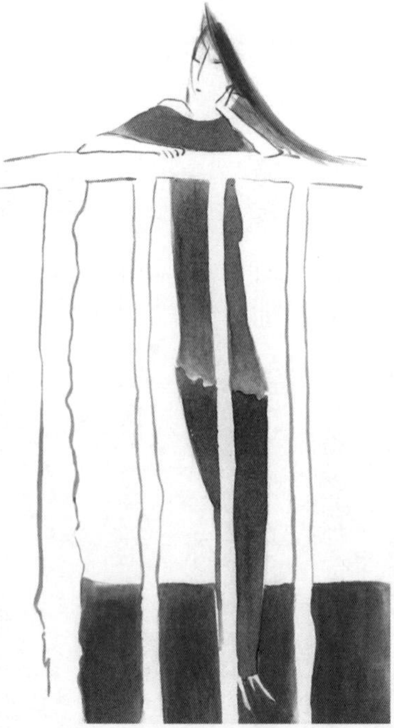

但是我們認爲上述的主張是似是而非的，必須嚴加駁斥的。

色情產品的閱聽者當然會受到色情內容的影響，而且是很深遠的影響。人們從來不因閱聽的作品是虛構的而不受影響，人因戲劇表演或哭或笑，而且被其道德觀與價值觀深深影響。看色情片或影像也一樣，羞辱女性、剝削女體的情節不斷模塑閱聽者的觀念，閱聽者不僅生、心理產生反應，觀念也被扭曲：女性成爲被羞辱與剝削的對象。

至於出版與言論自由，我們從來不反對，只是反對羞辱、剝削女性（或男性）的色情出版或言論：我們主張沒有人可以公開對人身發表或展演羞辱的情節與剝削的行爲。

我們也主張權利不應凌駕在善之上。實際上，自由主義者把權利放置在第一的位置，成爲衡量一切的最後標準，是錯誤的、也是不足夠的。現代的資本

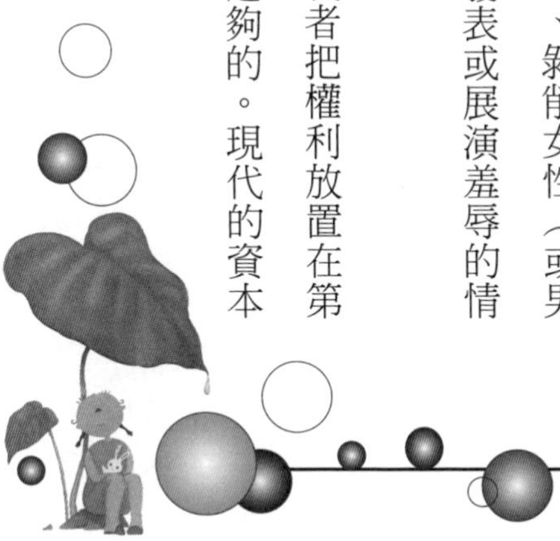

主義社會已經顯示，個人追求自己的最大幸福（個人的權利），總合起來，並不能構成一個達到最大幸福的社會，反而是貧富差距大、階級明顯、剝削不斷、權利衝突增強，一個最明顯的例證就是必須制定反托辣斯法來防制托辣斯行爲。雖然有法律的約束，但是爲了爭取個人的權利，在與法律衝突時，人們會選擇鑽法律漏洞來維護本身的權利，於是一個和諧的「權利」社會永遠不可能達成，自由主義的主張明顯只是理論上的推論，在眞實世界是無法站立得住的。

權利永遠不該是第一考量，否則社會將永無寧日。我們認爲善或道德也應成爲考量色情是否該存在的條件，而且政府應該出面管制，公權力介入制止對社會有惡質影響的色情繼續存在。爲什麼不讓市場決定？因爲在消費市場上，人性的選擇通常是逸樂取向，因此市場不會將惡質產品淘汰，色情產業終將留下，對社會壞的影響繼續下去（受影響最大的是青少年與兒童）。所以應該反色情，將色情徹底趕出我們的社會，讓眞實的愛回來。

情慾自由化希望不受家庭、婚姻的限制，從而獲得最大的情慾快樂的看法，也一樣不切實際。情慾自由化只引發人性中最卑劣的部分，人人只求一己的滿足，用每一個人必須爲自己負責爲藉口，來爲傷害他人脫罪：破壞了家

庭、婚姻，造成離婚率攀高，人與人互不信任，社會脫序，青少年犯罪率偏高。情慾自由化同樣是性別研究者的幻想烏托邦，不切實際之外，更嚴重傷害社會的穩定發展。

我們必須重建兩性的情感教育，以愛來作爲人最中心的價値觀，因爲我們知道唯有愛才能眞正滿足人性最深處的需要；而性只有在婚姻與愛的環境下，才是我們生命中最美的祝福。

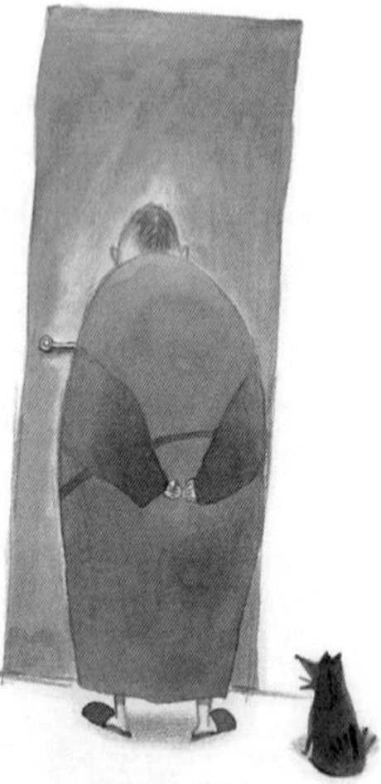

參考書目

佟恩（Rosemarie Tong）（1996）. *Feminist thought: A comprehensive introduction.* 刁筱華（譯），《女性主義思潮》。台北市：時報文化。

Itzin, C. (Ed.). (1992). *Pornography: Woman violence and civil liberties*. Oxford University Press.

Kappeler, S. (1986). *The pornography of representation*. University of Minnesota Press.

性行爲的權利與責任

我們處在這愛慾橫流的時代，如何潔身自愛，而不被所謂速食式的一夜之情所誘惑，乃是當今最重要的課題。我們應該儘量避免觀看此類網站及色情電視、電影、錄影帶、DVD、VCD等，以免被誘惑犯罪。

前高等法院法官

—陳雅香—

法律依據

中華民國刑法第二八八條：「懷胎婦女服藥或以他法墮胎者，處六月以下有期徒刑、拘役或一百元以下罰金。

懷胎婦女聽從他人墮胎者，亦同。

因疾病或其他防止生命上危險之必要，而犯前二項之罪者，免除其刑。」

優生保健法第九條：「懷孕婦女經診斷或證明有左列情事之一者，得依其自願，施行人工流產：

一、本人或其配偶患有礙優生之遺傳性、傳染性疾病或精神疾病者。

二、本人或其配偶之四親等以內之血親患有礙優生之遺傳性疾病者。

三、有醫學上理由，足以認定懷孕或分娩有招致生命危險或危害身體或精神健康者。

四、有醫學上理由，足以認定胎兒有畸型發育之虞者。

五、因被強制性交、誘姦或與依法不得結婚者相姦而受孕者。

六、因懷孕或生產將影響其心理健康或家庭生活者。

未婚之未成年人或禁治產人，依前項規定施行人工流產，應得法定代理人之同意。有配偶者，依前項第六款規定施行人工流產，應得配偶之同意。但配偶生死不明或無意識或精神錯亂者，不在此限。

第一項所定人工流產情事之認定，中央主管機關於必要時，得提經優生保健諮詢委員會研擬後，訂定標準公告之。」

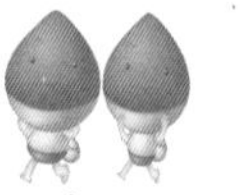

個案應用

「蕾絲花邊的丁字褲」、「找嘉義援交妹」、「有女願意援交請回信」、「台中女人看過來」……國雄看著電腦螢幕，不禁心中小鹿亂撞，臉上陣陣發熱。這是國雄第一次上這種網站，前幾天看到有線電視新聞台報導警方破獲網路援交的消息，讓國雄興起一探援交網站的好奇心。

國雄長得瘦瘦矮矮的，從小就循規蹈矩，一見到女生講話就結巴，更不用說進一步交往，所以到現在大學畢業了，還是「羅漢腳仔」一個。

看著看著，其中一則吸引了他——「我是大學生，身高一百六十五公分，中國小姐臉蛋、身材，誠心與你做個朋友—Angel」——感覺與其他的非常不一樣，當下就回信了——「我是大學畢業生，沒有交過女朋友，誠心與妳交往——阿雄」。經過幾次的網路交談，二人非常投機、愉快，國雄對Angel頗有好感。

「我很想知道你長什麼樣子」、「你文筆這麼好，一定長得很帥」、「當我的白馬王子吧」……Angel屢次主動要求見面。國雄愈看愈自卑，深怕見了面會讓Angel失望，寧願選擇在網路中聊天。

這一天Angel又主動要求見面——「你是不是長得跟鐘樓怪人一樣，只能躲著不敢見人啊？」

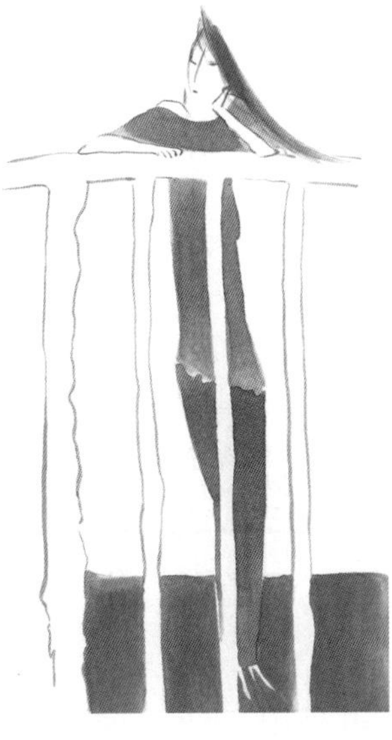

國雄對自己吶喊「怎麼可以拿我跟鐘樓怪人比！我只是比較矮而已」，明知這是激將法，但就是氣不過，還是答應了。

到了見面地點，國雄遠遠的見到一位依約定拿著玫瑰花的矮胖女人。「媽呀！怎麼跟『身高一百六十五公分，中國小姐臉蛋、身材』差這麼多啊！網路眞是虛假、不可信！」國雄正想趁機溜走，沒想到被眼尖的Angel給認了出來。「阿雄！」「阿雄！」連呼二聲，國雄恨不得有個地洞鑽進去，但回頭想想自己也長得不怎麼樣，就不要太苛求了，反正是做朋友嘛，不要太認眞就好了。

「阿雄！那天我是好奇，第一次進入援交網站，想要體驗看看，沒想到就遇見你了，你不要以爲我眞的是那種女人……」「我也是！你不要以爲我也是那種男人……」二人坐在泡沫紅茶店，訴說著進網站的動機，急著爲自己澄清

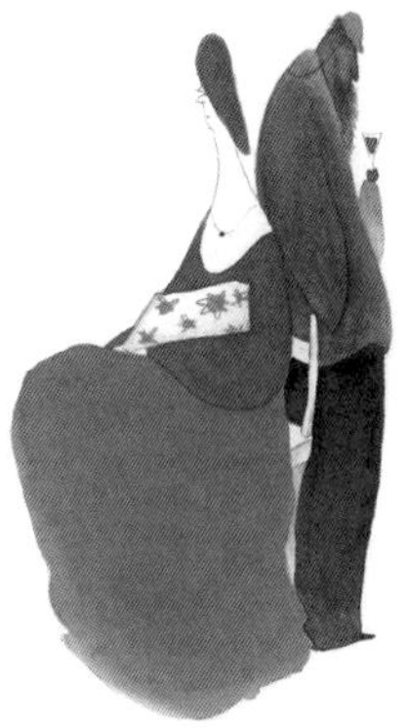

……。愈說愈投機，國雄這時感覺Angel其實長得不錯，Angel也覺得阿雄很善良。就這樣，二人互相吸引，從陌生到手牽手，墜入情網，公園、河邊、海邊都留下二人的足跡，國雄也嚐到了愛人及被愛的滋味。

「Angel給我好嗎？」「阿雄！不要啦！我還是學生耶。」「你如果愛我的話，就證明給我看。」國雄用的激將法果然奏效……。

「阿雄！我那個好久沒來了！」「什麼那個沒來？」「唉呀！就是那個嘛！怎麼辦嘛！」「什麼怎麼辦？」搞得國雄一頭霧水。「你眞是個呆頭鵝，我可能懷孕了。」「怎麼可能，才那麼一次……」這下又把國雄給嚇到了。「Angel我們結婚吧！我有能力養活你們……」不待國雄說完，Angel開始哭了起來，國

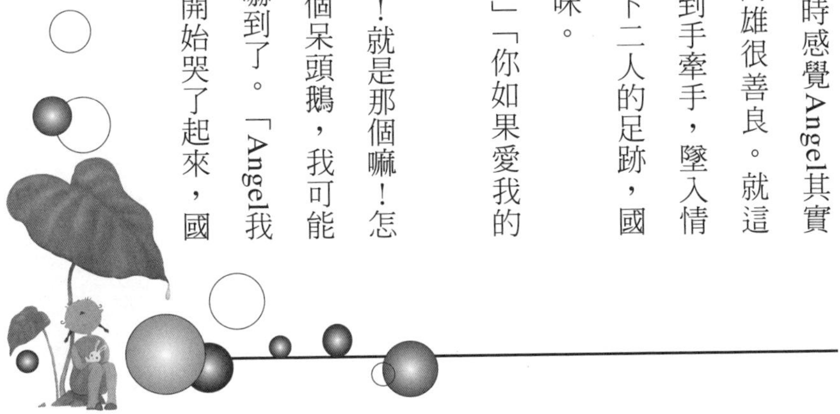

雄眞有點糊塗了。「Angel我在向妳求婚，妳怎麼哭了？」「我現在還是學生，怎麼結婚、生子，我一定會被我爸爸打死啦！我不要這個孩子——」

「恭喜妳！」在婦產科診所內，醫師證實了這件事。「醫師！我——我不想——要這個孩子，能——不能幫我拿掉？」Angel硬著頭皮，終於擠出這幾句話。「你們年輕人就是這樣，做了事又不敢負責，我不能做犯法的事……」醫師悍然拒絕了Angel的要求。走出診所，Angel無語問蒼天，墮胎？學業？結婚？生子？在人生的十字路口，不知何去何從……。

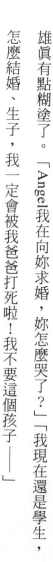

解決方法

國雄與Angel因一時的好奇，進入色慾充斥的「援交」網站而認識，最後無法把持，陷入罪中。但我們處在這愛慾橫流的時代，如何潔身自愛，而不被所謂速食式的一夜之情所誘惑，乃是當今最重要的課題。我們應該儘量避免觀看此類網站及色情電視、電影、錄影帶、DVD、VCD等，以免被誘惑犯罪。

我國爲維護善良風俗，保全公益，除符合優生保健法第九條第一項各款所規定之情形外，對於墮胎者的行爲，於刑法第二百八十八條設有處罰的規定。國雄與Angel於偷嚐禁果前，不僅未思考到它的後果，而且沒有做任何的保護措施，心存僥倖，以致面臨人生十字路口。生命是上帝創造的，聖經上說「不可殺人」，Angel應該尊重生命，不宜輕言墮胎，要勇敢面對自己的行爲。

（本文爲陳雅香法官生前爲白絲帶工作站寫的文章）

參考文獻

十七年三月十四日立法理由

查暫行律第三百三十二條補箋謂墮胎之說不一，有主張胎兒殺死說者，僅令早產，而胎兒猶生，非墮胎。（本係死胎而墮之亦同）有主張人爲早產說者，不問胎兒之生死，凡未至自然分娩時期，以人爲令其早產者，即爲墮胎。揆之法理，墮胎之必罰，所以維持風俗，保全公益，前說失之隘，宜以後說爲是。

最高法院判例：二十五年上字第一二二三號

墮胎罪之成立，以殺死胎兒或使之早產爲要件，若係未遂或不能發生結果，除成立他罪外，僅限於刑法第二九一條第一項之情形，始有處罰明文。

台灣彰化地方法院八十三年度易字第三一五四號判決

按懷孕婦女是否符合優生保健法第九條第一項各款所規定之情形，須經醫師之診斷或證明，該法第九條第一項定有明文。被告蕭×惠於本院審理中被問及胎兒是否經檢查後發現不正常時，供稱其並無實際去醫院檢查，則其僅憑一己之揣測懷疑，認為胎兒有畸型之可能，即行墮胎，顯與前揭優生保健法之規定不符。

延伸參考資料

甘添貴（2001）。〈人工流產與殺害胎兒〉。《台灣本土法學雜誌》，19，115-124。

相關法條：民法第6條

中華民國刑法第21、219、288、289、291條

人工協助生殖技術管理辦法第7條
優生保健法第4、5、9、11條
優生保健法施行細則第12、15條
施行人工流產或結紮手術醫師指定辦法第2、3條

烈火青春檔案

婚前性行為的後果與預防

青少年性觀念日益開放已是不爭的事實，師長父母應視子女與異性交往爲一健康的社交行爲，孩子才願意與家長分享與異性交往的經驗，如此才能協助孩子建立正確的性知識與性觀念。

政治大學廣播電視所研究生

—楊可凡—

與一個值得你愛的女子在婚前發生肉體關係，你便損害了她；如果她是不值得你愛的，你便損害了自己。

～法國・大仲馬

時代在轉變，國人性觀念也跟著開放。根據台北市少輔會二〇〇三年的調查，58.9%在學青少年接受婚前性行爲、81%接受同居、38%接受墮胎行爲、22.2%接受多重性伴侶、45.5%接受同性戀的觀念。除此之外，其他數據亦顯示現代的青少年在交往過程中肉體接觸的程度相當快，世新大學民調中心二〇〇三年網路調查中顯示，十五到十九歲的小女生，高達五成四已經有過性經驗，但是會採取避孕措施的只有三成八！由於「性」是人類與生俱有的本能，也是人類表達親密關係的原動力，因此在兩性交往時，許多人便自然而然地會在肉體接觸上逐步縮短彼此的距離，殊不知人與人之間最難了解的是內在世界心靈的互動，過快的肉體接觸將會使得兩人在個性、適應、價值觀等重要層面的溝通鬆弛下來，這對兩性交往來說並不是件好事。

所謂「婚前性行爲」即是「未婚男女之間所有爲了達到性方面的愉悅與滿足爲目的，所進行的一切與性相關的行爲。」（黃羨霏，2000）不可諱言地，「性」可以說是人類眾多行爲中十分重要的一種，人類一生中的許多時間與精力，都在尋求性的出路

與滿足（Derlega & Janda, 1986）；從正面的角度來看，性也是人類延續後代的重要因素，所以多半與婚姻串連在一起，似乎婚姻制度提供了人類性需求的一個合理出路。也因爲如此，婚前性行爲總是特別受到關注與爭議。

在婚前性行爲的正面意義上，有些研究者提出婚前性行爲在兩性交往歷程中，是一個親密程度的指標，許多受訪者表示，在發生婚前性行爲後，兩人之間的關係更爲親密了（Hite, 1987；莊慧秋，1993；張純吉，1997）。另外，從歐美性革命之後所引起的性解放運動中，似乎可以看到目前許多的未婚男女將婚前的性視爲一項對自由意志與選擇能力的肯定，也是對於長久以來囿於傳統

與道德標準之性壓抑的一項反動。從負面的觀點來看，黃羨霏（2000）曾以質化訪談的方式，試圖了解女性對於婚前性行爲的內在衝突經驗，結果發現其內在衝突爲：對性的罪惡感、對外界眼光的擔心、對懷孕的擔心、新舊觀念的掙扎與矛盾、無人可求助、身體受到傷害、怕被傳染到性病、性關係發生得太快、對異性的疑惑、怕男生認爲隨便，以及怕未來交往的異性無法接受自己等。而在許多的婚前性關係中，女性多半是處於被動的地位，基於男友的要求與期待，而答應與對方有更進一步的接觸。再者，這樣的婚前性行爲中，女性不但未曾獲得「性的自主」，反而處於服務男性的角色上，以自己在性行爲的付出，來換取對方的愛及關心（劉惠琴，1999）。

儘管婚前性行爲有正反兩面的意見，筆者仍持較反對的意見，因爲偷嚐禁果後可能造成以下的後果：

1、生理上的影響

婚前性行爲的發生多是在性知識較缺乏的時候，容易懷孕，而婚前懷孕的處理方式不外是墮胎、生下來送人、當未婚媽媽，或是奉子成婚，這幾種方式都有其不利的一面。同時，婚前性行爲者對性行爲之放縱，可能與多人發生性行爲，而傳染性病、愛滋病，以致喪失生命。

2、心理上的影響

多數人在從事婚前性行爲後，都會帶給他們相當程度的焦慮與壓力；而性關係絕大多數是食髓知味的，如此一來，雙方交往的焦點將擺在「性」，忽略所謂的兩性溝通，在焦慮、罪惡、不安摻雜的情境中，使得對自我及對對方的評價逐漸降低，進而破壞原本和諧的關係。

3、社會壓力的影響

婚前性行爲是我們傳統社會所難以接受的行爲，至今雖西潮影響，但對大多數家庭而言，仍難釋懷、諒解。若不幸負起法律、經濟的責任，更是使得當事人心理徬徨、痛苦至極。

有些人認爲婚前性行爲只對女性不利，男性似乎不會吃虧，是既得利益者，其實在發生婚前性行爲時，男性也會有許多壓力，其中最常見的是來自心理的「罪惡感」——交往模式的改變、不幸懷孕的焦慮。

婚前性行爲的案例在大家的身邊俯拾即是，筆者

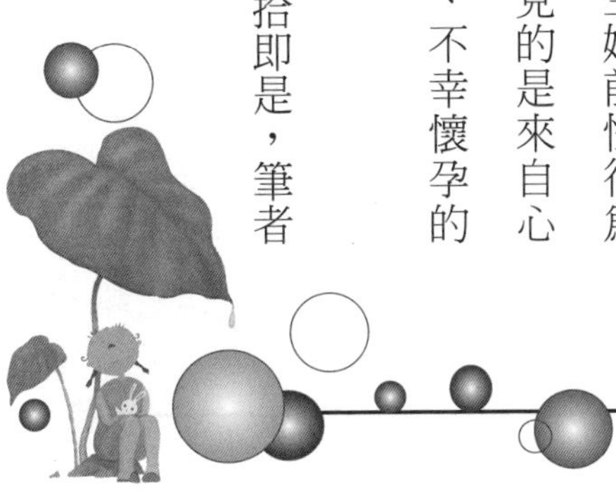

曾於兩年前紀錄一個案例：女主角小薇是一個樂天眞性情的原住民女孩，在十九歲時與十七歲的阿裕相戀，進而偷嚐禁果，由於沒有避孕措施，不久後就懷孕。身爲平地人的婆家並不認同小薇的原住民家庭背景（愛吃檳榔、喝酒、花錢），認爲是她勾引阿裕讓他無法完成五專學業，最後歷經重重爭執才結了婚，但婚後婆媳間還存在許多問題。

小薇夫婦帶著一個小孩，加上學業未完成，過於早婚，始終陷在經濟困境中，總得向娘家、婆家伸手才得以過日。她曾感嘆著說要是重來一遍，寧願選擇不要結婚，也不要孩子，要不是當初爲了「十分鐘的快樂」就好了。由於經濟狀況

不佳，小薇一家人選擇搬到一間較爲便宜的房子，婆婆與娘家的人全都來幫忙了，慌忙之中隨處可見婆媳衝突、婆婆身處原住民歌酒歡樂中的不搭調、小薇與依然逃避鏡頭的男主角婚姻潛在的危機、加上孩子的哭聲，其實就是生活的全部。

當然，不能否認，在兩性交往的過程中，難免會有許多時候，眞的讓人情不自禁地想和對方享有最親密的結合，但爲了「十分鐘的快樂」，値得付出你的一生嗎？在交往異性朋友時，應如何避免過分親密而發生性關係呢？首先，盡量避免只有兩人單獨相處，或到沒有人的地方，如：家中沒有人在時、賓館、MTV、荒郊野外等，這些都是充滿誘惑、難以自制的情境。而喝酒、延長的愛撫、色情小說及電影、淫穢的談話都有可能是爲進一步的性行爲佈局，千萬別太相信自己的自制力！其次，大家不妨多學習用各種不同的方法來表達感

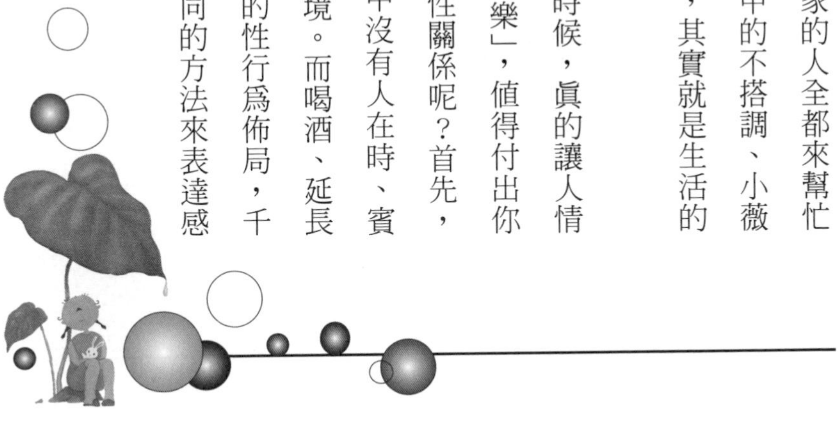

情，不必非用身體親密的行爲來表示。

因爲親密行爲是人的自然需求，但當兩個人的親密行爲在婚前達到高峰時，對雙方不但不是個愉快的經驗，反而容易造成緊張、焦慮和挫折感，並爲將來的婚姻種下不良的禍因。當遇到對方的性要求時，應堅守原則、坦白又技巧地拒絕。如果眞的發生婚前性行爲而導致懷孕或造成其他不利於己的後果，請記得讓愛你的父母、師長爲你分擔憂愁。

青少年性觀念日益開放已是不爭的事實，但在整個社會的性教育中，家長與師長總是不敢將「性」說清楚、講明白，反而以遮掩的態度面對，使得青少年更加嚮往「神秘禁地」。筆者認爲師

長父母應視子女與異性交往爲一健康的社交行爲，孩子才願意與家長分享與異性交往的經驗，如此才能協助孩子建立正確的性知識與性觀念。

參考書目

邱恬琳（2000）。〈四分之一女性有婚前性行爲〉。2000年3月11日，東森新聞報。

張純吉（1997）。〈婚前性行爲對男女情侶關係的影響〉。國立台灣大學心理學研究所碩士論文，台北。

莊慧秋（1993）。《台灣情色報告》。台北：張老師文化。

曾蕙蘋（2000，7月31日）。〈青少年的第一次67%不知道要避孕〉，《中國時報》。

黃羨霏（2000）。〈婚前性行爲內在衝突之分析研究——以大學校園女學生爲例〉。國立師範大學心理與輔導研究所碩士論文，台北。

劉惠琴（1999）。〈女性主義與心理學〉。載於王雅各（主編），《性屬關係（上）

性別與社會、建構》。台北：心理出版社。

Derlega, V. J. & Janda, L. H. (1986). *Personal adjustment: The psychology of everyday life*. Glenview, III.: Scott, Foresman.

Hite, S. (1987/1994).*Women and love: A cultural revolution in progress*. 林淑貞（譯），《海蒂之愛：深情之愛》。台北：張老師文化。

延伸閱讀

書籍：

古碧玲（1987）。《愛的方程式——親密、激情與許諾》。台北：張老師月刊。

晏涵文（1998）。〈現代青少年的感情生活與性教育〉。《理論與政策》，12（3）。

晏涵文、林燕卿、張利中（1998）。〈青少年婚前性行爲及其趨勢之探討〉。

《台灣性學學刊》，4（2）。
晏涵文（主編）（1991）。《浪漫的開始》。台北：張老師文化。
黃堅厚（1985）。〈婚前性行爲問題〉。《青少年的心理健康》。台北：心理出版社。
楊麗英（1993）。〈青少年性行爲相關因素之探究〉。《學生輔導通訊》，29。

影像：

【早・生・貴・子】。第八屆女性影展入選影片。導演：楊可凡、葉素君、吳逸芳。

【美國派】

墮胎相關影片

我可以怎麼辦——相關輔導或治療機構

兩性關係的問題種類繁多，個別學生的不同需要，往往也不是單一教師所能全然面對的，所以，適度了解學生問題之所在，掌握相關諮商輔導治療機構的資源，進行有效的轉介工作，不但可以減輕教師自身的負擔，而且可以幫助學生得到更專業與適切的幫助。

台灣藝術大學通識教育中心教授

—黃惟饒—

轉介輔導機構的必要

對於中學教師而言，兩性關係的輔導，實在是一項無可避免、卻又不易負荷的負擔。

無可避免，是因爲處於青春期的孩子們，正値第二性徵形成的高峰期，兩性關係的種種，對青少年的身心各方面，都有著高度的吸引力，加上大眾傳播媒體在這方面的渲染，更使得這個階段的青少年正確學習兩性相關知識的需要性，顯得格外迫切。

不易負荷，是因爲國中教師都承擔著沉重的教學壓力，在授課之餘所剩下的時間精力，還需面對各種人生成長問題紛至沓來的國中學生，實在有難以應付的感覺；若是從事團體輔導，對於多數學生進行普遍性的教導，或許尚能勉強應付，但若是要進行個別深入的輔導，甚或面對有矯治需要的學生，則個別國中教師往往在個人學養專長、時間心力、生活閱歷等方面，顯得不足，而有力不從心之感。

兩性關係的問題種類繁多，個別學生的不同需要，往往也不是單一教師所能全然面對的，所以，適度了解學生問題之所在，掌握相關諮商輔導治療機構的資源，進行有效的轉介工作，就成爲國中教師面對輔導的沉重負擔時，可以採取的策略。

有效的轉介，不但可以減輕教師自身的負擔，而且可以幫助學生得到更專業與適切的幫助，是一舉兩得的辦法。

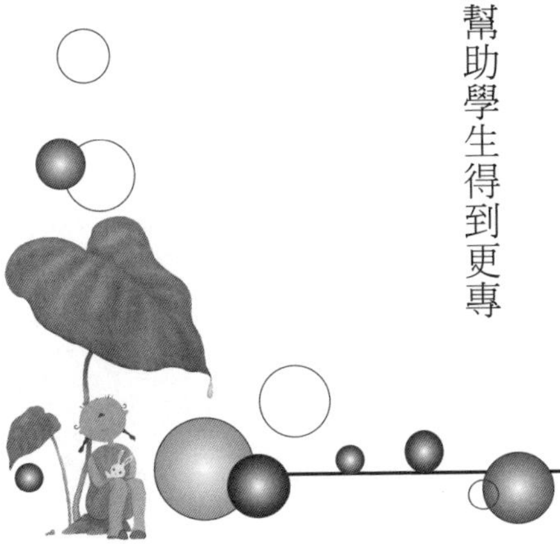

轉介輔導機構的困難

對於學生而言，帶著問題來找老師，某種程度上是「鼓起很大勇氣」的，如果面對老師要將自己的問題當成「個案」，轉介給輔導機構，情感上容易產生過不去的現象。

形成這種現象最可能的原因，從社會學上來看，就是學生將老師當成「面對面社會」的成員，彼此之間是可以談論深入問題的人，而輔導機構對學生而言，是一種「制度性的關係」，比較缺乏因個別關係而來的信任感，因而學生容易產生排斥的心理。

教師在處理轉介問題的時候，要先讓接受輔導的學生明白，包括兩性關係問題在內的心理或情緒問題，都不是「羞恥」的事，最常用的比喻，莫過於將心理問題類比於生理問題——沒有人會因爲肚子痛、牙痛找醫師而感到羞恥，所以心理或情緒上有問題，也像是生理疾病一樣，需要尋求專業的協助，絕對不是羞恥的事情。

除了事前的心態調整與信心建立之外，在實際接觸輔導機構的初期，教師也有必要陪伴接受輔導的學生一同前往，這一方面可以幫助學生在比較具有安全感的心情之下接受輔導，而能夠較爲迅速地與輔導機構方面建立信任的關係；另方面，也可以將教師先前幫助學生的歷程，有效地移交給繼續接手的輔導機構。

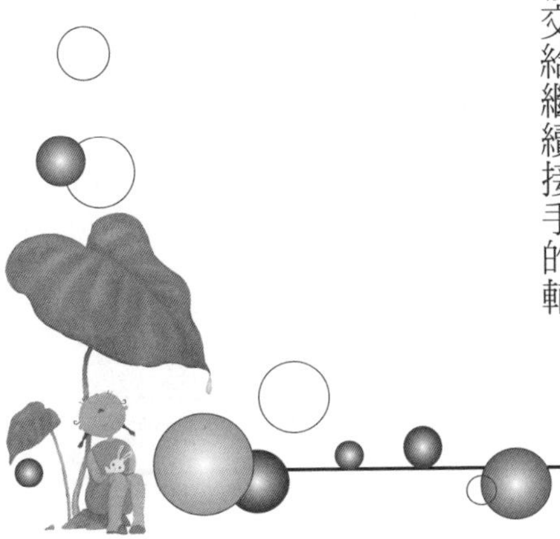

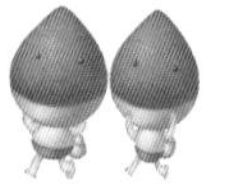

可以提供協助的兩性關係輔導機構

1、各地家庭教育服務中心

爲推展家庭親職教育、引導青少年身心健全發展、促進家庭和諧、增進親子關係及社會整體和諧，政府在各縣市成立家庭教育服務中心，提供婚前教育、婚姻輔導、親職教育、親子教育等服務。

各地服務中心聯絡辦法如下：

基隆市家庭教育服務中心　(02)2420-1885
台北縣家庭教育服務中心　(02)2255-4885
台北市家庭教育服務中心　(02)2578-1885
桃園縣家庭教育服務中心　(03)333-4885

新竹市家庭教育服務中心 (03)532-5885

新竹縣家庭教育服務中心 (03)551-8885

苗栗縣家庭教育服務中心 (03)732-7885

台中縣家庭教育服務中心 (04)2528-5885

台中市家庭教育服務中心 (04)2372-0885

彰化縣家庭教育服務中心 (04)726-1885

南投縣家庭教育服務中心 (049)223-2885

雲林縣家庭教育服務中心 (05)533-5885

嘉義市家庭教育服務中心 (05)275-0885

嘉義縣家庭教育服務中心 (05)379-8885

台南縣家庭教育服務中心 (06)635-8885

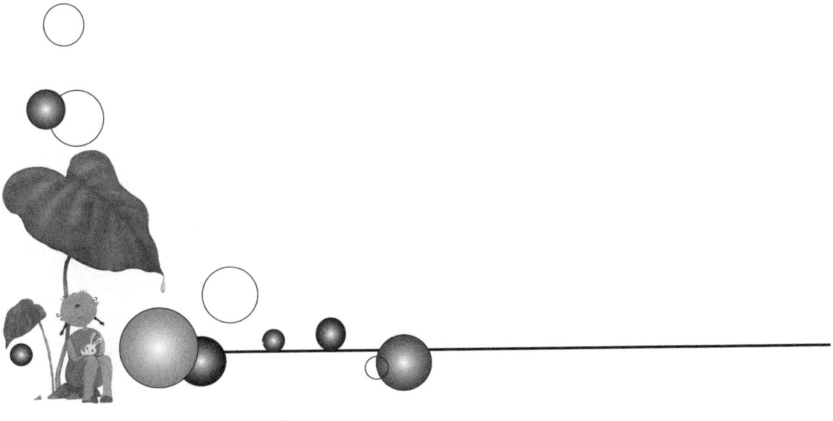

台南市家庭教育服務中心 (06)260-5885

高雄縣家庭教育服務中心 (07)626-1185

高雄市家庭教育服務中心 (07)215-5885

屏東縣家庭教育服務中心 (08)737-5885

宜蘭縣家庭教育服務中心 (03)935-6485

花蓮縣家庭教育服務中心 (03)822-5885

台東縣家庭教育服務中心 (089)322-885

澎湖縣家庭教育服務中心 (06)927-8885

2、各地張老師

救國團的張老師，是歷史悠久的輔導機構，長久以來他們透過諮商晤談、電話輔導、函件輔導、網路輔導、心理測驗等方式幫助過無數青少年走過各樣的危機，各地張老師的聯絡電話如下：

基隆	(02)2433-6180	台北市	(02)2716-6180
三重	(02)2989-6180	桃園	(03)331-6180
中壢	(03)425-6180	新竹	(03)535-6180
台中	(04)2206-6180	彰化	(04)722-6180
嘉義	(05)275-6180	台南	(06)236-6180
高雄	(07)330-6180	宜蘭	(03)936-6180
花蓮	(03)832-6180		

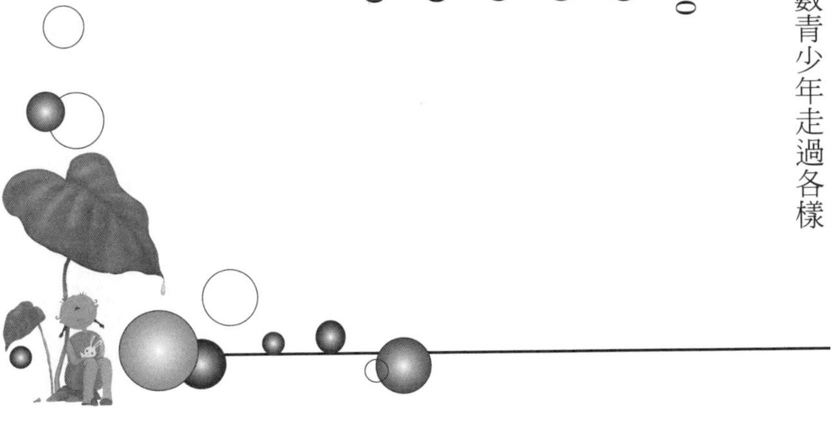

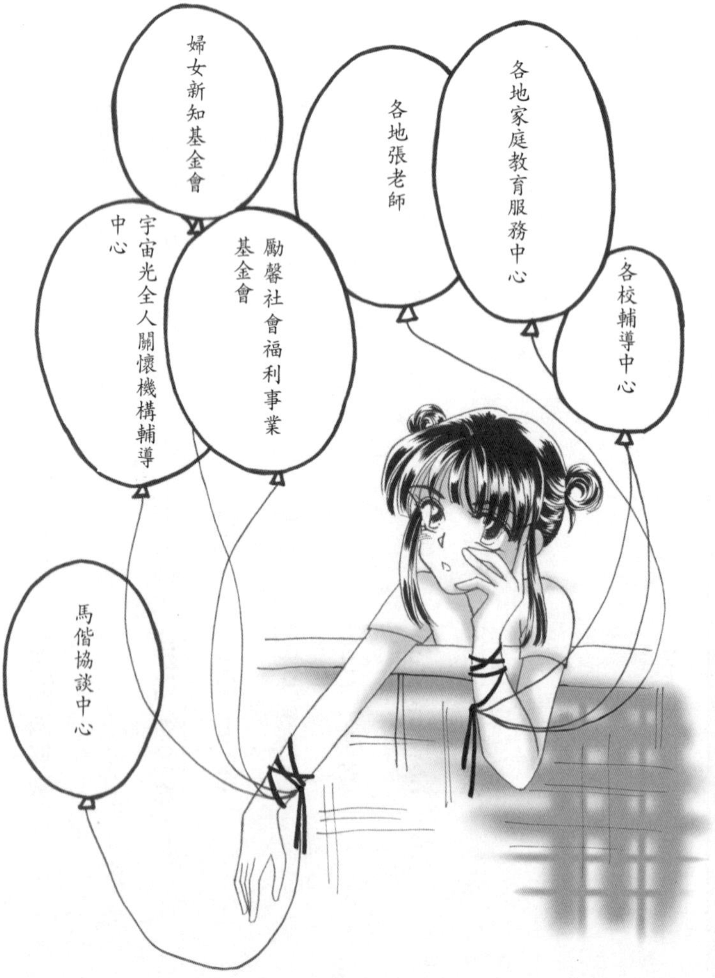
各校輔導中心
各地家庭教育服務中心
各地張老師
婦女新知基金會
勵馨社會福利事業基金會
宇宙光全人關懷機構輔導中心
馬偕協談中心

3、台灣終止童妓協會

監看及舉發各種形式的兒童色情，如網路、錄影帶、光碟、出版品；推動相關法令之立法及修訂；接受民眾報案及救援受害者；與國內外檢警單位及民間團體合作，打擊跨國人蛇集團。

地址：112台北市北投區立功街79巷9號2樓

電話：(02)6610-6616

傳真：(02)6610-6617

網址：http://www.ecpat.org.tw/

E-mail：ecpattwn@ms12.hinet.net

台灣終止童妓協會547網路色情檢舉網址：http://www.web547.org.tw/

色情防堵軟體網址：http://www.web547.org.tw/NETSELF/index.htm

4、台灣愛鄰社區服務協會白絲帶工作站

台灣愛鄰社區服務協會（簡稱愛鄰）是一個以家庭爲主軸、深入社區，爲一切弱勢及有需要者提供社會服務的團體。白絲帶工作站主要推動網路研究、兩性教育、生命教育宣導；詳見「媒體探險家」http://www.mediaguide.nccu.edu.tw

地址：106台北市大安區和平東路二段24號7樓

電話：(02)2367-6629 / (02)2367-6646

傳眞：(02)2369-2674

網址：http://www.i-link.org.tw

http://www.mediaguide.nccu.edu.tw

5、兒童福利聯盟文教基金會

兒童福利聯盟致力於兒童福利工作的推展，除了提供兒童福利服務之外，也進行兒童福利相關之研究。

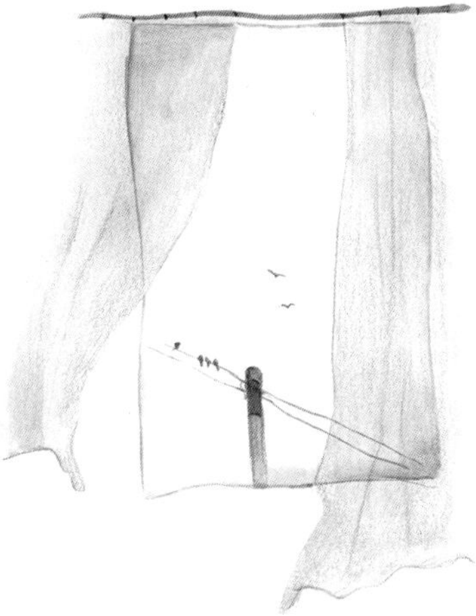

地址：台北市105松山區民生東路五段137巷2號5樓之1

電話：(02)2748-6006

傳真：(02)2748-6005

網址：http://www.children.org.tw/

E-mail：children@cwlf.org.tw

6、勵馨社會福利事業基金會

服務各樣不幸少女，特別是在性上面受到各種傷害少女，是勵馨基金會主要的工作宗旨，他們的聯絡辦法如下：

勵馨基金會總部

地址：106台北市大安區羅斯福路二段75號7樓

電話：(02)2367-9595 / (02)6632-9595
傳真：(02)2367-3002
網址：http://www.goh.org.tw/chinese/main.asp

7、婦女新知基金會

在爭取婦女權益、改善婦女處境的宗旨下，婦女新知基金會不但舉辦各項活動，推動相關理念、爭取應有權益，也對兩性關係在內的各種婦女問題提供直接支援及諮詢、轉介服務。他們的聯絡方式是：

地址：104台北市中山區龍江路264號4樓
電話：(02)2502-8715

傳眞：(02)2502-8725

網址：http://www.awakening.org.tw

8、宇宙光全人關懷機構輔導中心

宇宙光輔導中心是由一群清楚生命意義、受過嚴謹專業輔導協談訓練的基督徒專業人員所組成。竭誠以基督的愛心與專業輔導的原則，從事全人關懷、輔導協談工作。他們的聯絡方式如下：

地址：106台北市大安區和平東路二段24號8,9樓

電話：(02)2363-2107（代表號）

傳眞：(02)2369-0848 / (02)2263-9764

輔導中心專線：(02)2362-7278
關懷熱線：(02)2369-2696（8線）
網址：http://www.cosmiccare.org/
E-mail：service@cosmiccare.org

9、**馬偕協談中心（平安線）**

這是設在馬偕醫院內的協談中心，由志願服務人員提供民眾電話心理輔導服務，由專業人員提供民眾面談心理輔導服務，這個中心的電話輔導是免費的，但是面談輔導則需要收費。他們的聯絡方式如下：

地址：104台北市中山區中山北路二段92號9樓
行政電話：(02)2571-8427 / (02)2543-3535轉2010, 2011

熱線電話：（平安線）(02)2531-0505 / (02)2531-8595

傳眞：(02)2523-1384

10、台灣基督教門諾會花蓮善牧中心

這是從門諾醫院在東台灣工作所延伸出來的另一個機構，這個中心的工作，比較是集中在受虐婦女的輔導與收容上，在資源缺乏的東台灣，實在是一個難能可貴的輔導機構。他們的聯絡方式如下：

地址：970花蓮市文苑路12號6樓

電話：(03)822-4614

傳眞：(03)822-4617

網址：http://www.goodsheep.org.tw/

11、財團法人天主教會台北教區活泉身心靈整合中心

這個中心成立於民國八十八年十月，前身爲財團法人天主教聖母聖心會華明牧靈心理輔導中心。華明心理輔導中心於民國六十四年由天主教聖母聖心會創辦，爲全台灣心理諮商工作的先驅機構之一，二十幾年來所提供的個案及團體輔導不計其數，對台灣地區的心理衛生工作，貢獻了一份心力。他們的聯絡方式如下：

地址：100台北市中山北路一段2號中央大樓8樓830室

電話：(02)2382-1885 / (02)2312-0969

傳眞：(02)2312-0969

網址：http://fountain.netartisan.org/

E-mail：hwo.chyuan@msa.hinet.net

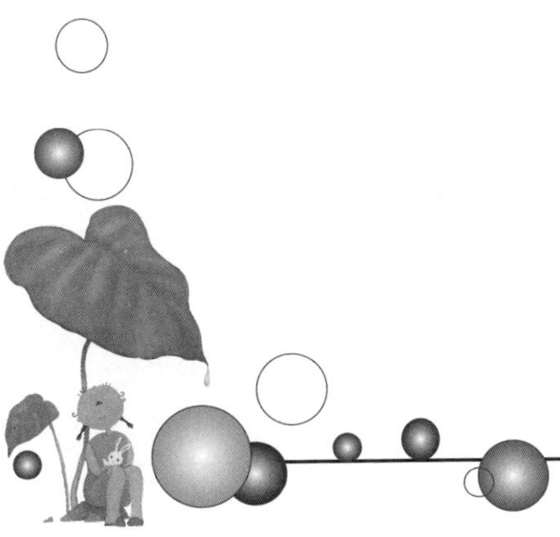

12、懷仁全人發展中心

這個中心成立於民國八十二年五月一日，爲財團法人天主教聖母聖心會數個附屬機構之一。以發展健康的個人、和諧的家庭生活及建立合乎人性的社會爲宗旨，透過陪伴家庭成員與社會人士，整合生活背景，探討內在基本尋求，發掘精神力量，實現生命智慧，並結合有心服務及回饋社會者，在「陪」與「陪」的交流中，對有需要的人提供有效的協助。

他們的聯絡方式如下：

地址：100台北市中山北路一段2號9樓950室

電話：(02)2311-7155 / (02)2311-7158

傳眞：(02)2331-1193

13、高雄基督教家庭協談中心

成立於民國六十三年五月十二日。台灣基督長老教會壽山中會有鑑於現代社會中，婚姻與家庭功能之變遷對人的衝擊，故爲更深入服務家庭與社會，設立了高雄基督教家庭協談中心，期以基督救世的愛心，去關懷協助遭遇困難的個人、婚姻與家庭，使受重創者得著愛的安慰，使喪志者重獲意志與勇氣，使失和離散者能再復和，協助絕望重燃希望。他們的聯絡方式如下：

地址：801高雄市前金區中華三路23號10樓之8

電話：(07)281-0903

傳眞：(07)241-5545

網址：http://kcf.womenweb.org.tw/

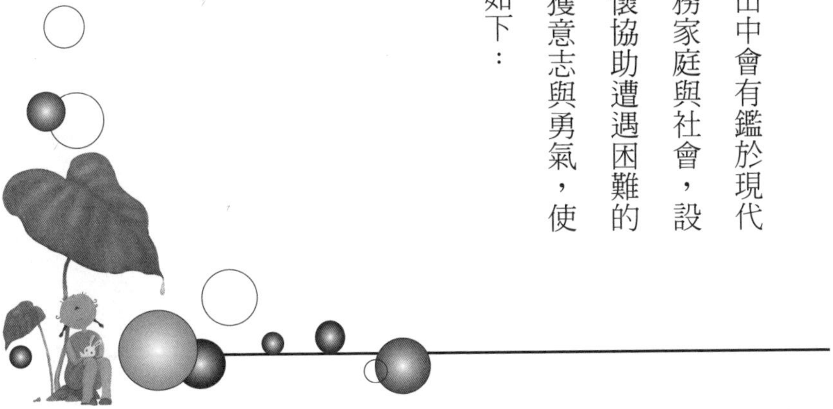

14、各校輔導中心

近在眼前！各校的心理輔導中心，都是又專業、又方便的資源，建議多多利用。

無界限的e世代

近幾年社會變遷的速度、資訊一日千里的發展，青少年成長的環境遠遠超過父母親過去的經驗太多，中間溝通互動的橋樑，一不小心就斷裂難以修復。當親子之間的認知落差逐漸加大，網路的虛擬關係取代了親子間的親密關係，渴愛的孩子用她們的身體去體驗不同的生活，直到發現所有的界限原來都不存在，包括自己虛擬的身體與心靈。

「衝破迷網」導演

台灣藝術大學電影系助理教授

—吳秀菁—

上完「衝破迷網——Chat Rooms」字幕的那天下午，走出剪接樓，發亮的藍天使我睜不開雙眼。拿著六個多月完成的作品，我和製片玉麗心裡如釋重負。從木棉花開的季節開始企劃這個紀錄片，前製研究尋找適合的個案，與她們建立真實關係，到拍攝訪問和尋找演員場景做戲劇模擬，等到完成剪接工作，已然進入台北最酷熱的仲夏。這個艱辛的製作過程，也可以說是窺探「迷網」青少年的內心過程。

事實上「援助交際」一詞，流行於日本社會已久。當一個少女想去聽一場偶像歌手的演唱會或是想買一支新款的手機，她的零用錢無法負擔時，就尋求有錢的歐里桑金錢援助，而花上的代價從陪吃一頓飯、聊天到上床不等，這就是所謂的「援助交際」。最初我對台灣日增援交事件的了解，是根據報章雜誌新聞的片面報導：指稱她們崇尚物質享受、受到偏差次文化的影響，加上喜好

性體驗，才會選擇網路爲援交工具，從事性交易。但是當我深入這個議題研究時，發現這樣的報導，並未觸及眞正問題的核心。

當製作小組眞正走訪許多援交個案時，才發覺這些少女之所以迷失，並非如同媒體所報導上述的原因。從三個個案裡進行較深入的了解時，驚然發現有比這些更重要的影響力，那是家庭因素和親子關係的破裂。我們長時間接觸的三個個案中，她們的家庭條件都屬於中上，在家裡並不缺乏零用錢。相同的是她們之前都有蹺家的習慣，援交是在長期離家、缺錢用的時候所採取的賺錢方式。三個個案中有兩個在援交前並未有過性關係，她們甚至不曉得援交是怎麼一回

事。我印象很清楚其中一個個案，當我問到目前對性的看法時，她一直搖頭表示：「很噁心……」，我說如果對象是自己所愛的男友呢？她回答：「還是一樣非常噁心……」。許多媒體在出現青少年的社會新聞時，忽略了一件事，她們是未成年的孩子，對性、身體、交異性朋友等等，都還在摸索學習中。她們有可能是價值觀受到次文化的扭曲，那證明她們正處於需要父母親及成年人的保護與教導的階段。

整個影片製作過程中，最難的不在於技術層面，在於當她們逐漸打開心門信任我們時，我彷彿拿著手術刀，劃開傷口看見一顆顆脆弱的玻璃心，那本應該躺在父母胸前撒嬌的孩子，卻滿身是傷、血跡斑斑，訪談中

幾度無法拍攝，只能抱著她們爲她們禱告……。孩子接受訪問多數時候的哽咽，不在於男友和嫖客的傷害，在於期待父母親眞心的接納和擁抱。

另一方面，當我們與她們的家長對談時，卻看到台灣有史以來最富裕的中生代父母親，在創造經濟奇蹟的背後，泛著淚光無奈的神情。一次收容所裡的懇親會，我看到個案的父親捧著親手煮的炒米粉，帶著全家表示關懷的溫馨場面。他們覺得自己已經盡其所能給予女兒最好的物質環境，也除去一定要唸大學的升學壓力，不能想像女兒回報他們的卻是「援交」兩個字的殘酷事實。

我想，近幾年社會變遷的速度、資訊一日千里的發展，青少年成長的環境遠遠超過父母親過去的經驗太多，中間溝通互動的橋樑，一不小心就斷裂難以修復。我們的青少年在無國界的網路環境中拚命探索，這是二十一世紀網際網路無法避免的必然趨勢；但網路打破國界的同時，它也打破了原先存在的必然界限，如人際的界限、男女關係的界限、性的界限等等。當然事情總有正反兩面，我們可以手指一按，立即獲得最新資訊或與遠在國際的朋友對談，也可以不經意走進聊天室，不到五分鐘就觸及一夜情或性交易。這些色情的試探，早已打破圍牆公然入侵我們的房間，特別對正在發育成長中的青少年而言，彷彿一道道通往秘密花園的捷徑。當親子之間的認知落差逐漸加大，網路的虛擬關係取代了親子間的親密關係，渴愛的孩子用她們的身體去體驗不同的生活，直到發現所有的界限原來都不存在，包括自己虛擬的身體與心靈。

「衝破迷網」曾在苗栗高中的一場讀書會中放映，這場針對一百個高一學

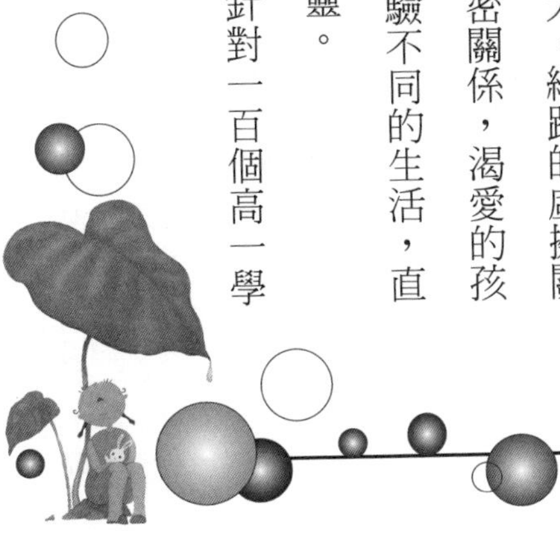

Money
Home
SEX

生的放映會，打開了我了解青少年的視窗。放映之後的座談會，十組中有九組就親子關係抒發感想，其中一組同學報告時呼籲父母親也要看這個影片，並且要有實際的動作，就是每個家庭一個月要有一次家庭會議，而且清楚提出希望溝通時與父母親是對等的立場。也有同學報告希望父母親放棄「重男輕女」這類傳統的包袱，給與子女公平的對待。他們重視親子溝通，超過對網路交友的興趣，他們渴望父母親了解的眼光，超過對援交過程的了解。

「衝破迷網」這個花了六個月雕刻的小石頭，我們期待它能向「迷網」的青少年、徬徨的父母親心中用力擲去。我們清

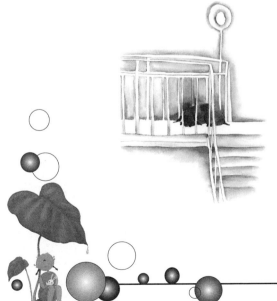

楚短時間不可能有巨大的改變，只希望這部影片能成爲親子間善意對話的橋樑。透過三位少女誠摯的告白，讓我們更願意傾聽孩子們內心眞正的聲音。我想起影片中EL所唱的片尾曲：

如果你曾經需要我的體溫，是否會發現我身上的傷痕？
如果你曾經與我短暫溫存，是否會看見我緊閉的雙唇？……
生活就像一杯白開水，你卻要我再喝一杯，
我好累，我想睡……

衝破迷網

現代生活系列 15

策　　劃／白絲帶工作站
主　　編／黃葳威
著　　者／陳彰儀．黃葳威．曾陽晴．錢玉芬等
導　　演／吳秀菁
出 版 者／揚智文化事業股份有限公司
發 行 人／葉忠賢
總 編 輯／林新倫
執行編輯／晏華璞
美術編輯／蘇珊平
登 記 證／局版北市業字第1117號
地　　址／台北市新生南路三段88號5樓之6
電　　話／(02)2366-0309
傳　　眞／(02)2366-0310
E-mail／service@ycrc.com.tw
網　　址／http://www.ycrc.com.tw
郵撥帳號／19735365
戶　　名／葉忠賢
印　　刷／鼎易印刷事業股份有限公司
法律顧問／北辰著作權事務所　蕭雄淋律師
初版三刷／2008年11月
定　　價／新台幣250元
ＩＳＢＮ／957-818-721-1

國家圖書館出版品預行編目資料

衝破迷網 / 陳彰儀等著. -- 初版. -- 臺北市：揚智文化, 2005 [民94]
面； 公分. -- (現代生活系列；15)

ISBN 957-818-721-1（平裝附光碟片）

1. 性 — 教育

544.72 94003133

白絲帶工作站

CYBER ANGEL'S PICK

★選擇上好的祝福…

網路在e世代不是脫離現實社會的另一個空間，而是現實社會生活的一種延伸。面對這條資訊高速公路上琳瑯滿目的入口網站，我們如何選擇？

一天只有二十四小時，現代人當然要做「上好的選擇」！

正如白絲帶工作站的英文名稱：Cyber Angel's Pick，我們期許協助社區家庭與青少兒，對於唾手可得的資訊、另類的人際交往，以及五光十色、生動逼眞的娛樂功效，做那最好的選擇！

台灣愛鄰社區服務協會集合了具相同使命的各階層專業人士，成立白絲帶工作站，我們的目標是連結政府、企業界及國內外第三部門，深入社區、學校，與家長、老師一起來關懷數位時代青少兒的數位文化知能及身心發展。

★我們的努力…

白絲帶工作站近來除了製作「網路消黃隊」手冊（91年）之外，並舉辦多場「網路、愛情、虎口」講座（89年）、「拒絕網路色情」座談會（90年），於台北、台中及高雄各舉辦「挑戰網路色情—e世代青少年的情惘／網」研習會（90年）、青少年與兩性圓桌座談（91年）、「要fun不要黃」第一屆校園宣導大使研習營（91年），攝製「衝破迷網」紀錄片（91年）、「糖玻璃」劇情片（93年），並專為學校輔導老師及社輔單位舉辦「衝破迷網」輔導教師研習會（91年）、「數位創世紀：網路科技與青少兒e化趨勢」研討會（92年）、與新聞局和教育部合作設置「媒體探險家」網站（www.mediaguide.nccu.edu.tw）（92年）、主辦「糖玻璃」輔導教師研習會（93年），並舉行「網路一夜情、誰讓我通行」立法公聽會（93年），結合兒少婦女團體推動網路分級制度立法（93年）等。93年12

月並與新聞局與教育部協辦「資訊月」活動，出版「親情升級指南一兒少上網安全手冊」。

94年3月我們將結合國內外政府、企業界及民間單位舉辦「2005數位創世紀：e世代青少兒上網安全與趨勢」國際研討會，冀望藉由觀念宣導、關懷行動，與跨國夥伴共同守護青少兒的心靈，同時我們也開始籌拍第三支影片，探討青少兒網路沉迷的問題。

如果您也願意支持關心青少兒數位學習、網路兩性教育的工作，歡迎加入白絲帶家族；或贊助我們的服務，**劃撥帳號：19524412，戶名：台灣愛鄰社區服務協會**，請註明**「白絲帶工作站」專案**。

祝福每一個家庭親情升級，讓愛飛揚。

希望您選擇那上好的祝福！

白絲帶工作站召集人　黃葳威